Andromaque

DANS LA MÊME COLLECTION (EXTRAIT)

La guerre de Troie n'aura pas lieu, Librio n° 1145
Horace, Librio n° 1073
Bérénice, Librio n° 1072
Le Songe d'une nuit d'été, Librio n° 851
Il faut qu'une porte soit ouverte ou fermée, Librio n° 779
Hernani, Librio n° 778
Lorenzaccio, Librio n° 775
Ruy Blas, Librio n° 719
Antigone, Librio n° 692
À quoi rêvent les jeunes filles, Librio n° 621
Médée, Librio n° 527
Lucrèce Borgia, Librio n° 517
Richard III, Librio n° 478
Britannicus, Librio n° 390
Ubu roi, Librio n° 377
Le Roi Lear, Librio n° 351
Macbeth, Librio n° 178
Othello, Librio n° 108
Orphée, Librio n° 75
Hamlet, Librio n° 54
Les Caprices de Marianne, Librio n° 39
Œdipe roi, Librio n° 30
Le Cid, Librio n° 21
Roméo et Juliette, Librio n° 9

Jean Racine

Andromaque

Texte intégral

DÉDICACE DE RACINE À MADAME

Madame,
Ce n'est pas sans sujet que je mets votre illustre nom à la tête de cet ouvrage. Et de quel autre nom pourrais-je éblouir les yeux de mes lecteurs, que de celui dont mes spectateurs ont été si heureusement éblouis ? On savait que Votre Altesse Royale avait daigné prendre soin de la conduite de ma tragédie. On savait que vous m'aviez prêté quelques-unes de vos lumières pour y ajouter de nouveaux ornements. On savait enfin que vous l'aviez honorée de quelques larmes dès la première lecture que je vous en fis. Pardonnez-moi, Madame, si j'ose me vanter de cet heureux commencement de sa destinée. Il me console bien glorieusement de la dureté de ceux qui ne voudraient pas s'en laisser toucher. Je leur permets de condamner l'*Andromaque* tant qu'ils voudront, pourvu qu'il me soit permis d'appeler de toutes les subtilités de leur esprit au cœur de V. A. R..

Mais, Madame, ce n'est pas seulement du cœur que vous jugez de la bonté d'un ouvrage, c'est avec une intelligence qu'aucune fausse lueur ne saurait tromper. Pouvons-nous mettre sur la scène une histoire que vous ne possédiez aussi bien que nous ? Pouvons-nous faire jouer une intrigue dont vous ne pénétriez tous les ressorts ? Et pouvons-nous concevoir des sentiments si nobles et si délicats qui ne soient infiniment au-dessous de la noblesse et de la délicatesse de vos pensées ?

On sait, Madame, et V. A. R. a beau s'en cacher, que dans ce haut degré de gloire où la nature et la fortune ont pris plaisir de vous élever, vous ne dédaignez pas cette gloire obscure que les gens de lettres s'étaient réservée. Et il semble que vous ayez voulu avoir autant d'avantage sur notre sexe par les connaissances et par la solidité de votre esprit, que vous excellez dans le vôtre par toutes les grâces qui vous environnent. La cour vous regarde comme l'arbitre de tout ce qui se fait d'agréable. Et nous, qui travaillons pour plaire au public, nous n'avons plus que faire de demander aux savants si nous travaillons selon les règles. La règle souveraine est de plaire à V. A. R.

Voilà sans doute la moindre de vos excellentes qualités. Mais, MADAME, c'est la seule dont j'ai pu parler avec quelque connaissance : les autres sont trop élevées au-dessus de moi. Je n'en puis parler sans les rabaisser par la faiblesse de mes pensées, et sans sortir de la profonde vénération avec laquelle je suis,

Madame,
de Votre Altesse Royale
Le très humble, très obéissant
et très fidèle serviteur,

RACINE.

PERSONNAGES

ANDROMAQUE, veuve d'Hector, captive de Pyrrhus.
PYRRHUS, fils d'Achille, roi d'Épire.
ORESTE, fils d'Agamemnon.
HERMIONE, fille d'Hélène, accordée avec Pyrrhus.
PYLADE, ami d'Oreste.
CLÉONE, confidente d'Hermione.
CÉPHISE, confidente d'Andromaque.
PHŒNIX, gouverneur d'Achille, et ensuite de Pyrrhus.
Suite d'Oreste.

La scène est à Buthrote, ville d'Épire, dans une salle du palais de Pyrrhus.

ACTE PREMIER

Scène première

Oreste, Pylade

ORESTE
Oui, puisque je retrouve un ami si fidèle,
Ma fortune va prendre une face nouvelle ;
Et déjà son courroux semble s'être adouci,
Depuis qu'elle a pris soin de nous rejoindre ici.
5 Qui l'eût dit, qu'un rivage à mes vœux si funeste
Présenterait d'abord Pylade aux yeux d'Oreste ?
Qu'après plus de six mois que je t'avais perdu,
À la cour de Pyrrhus tu me serais rendu ?

PYLADE
J'en rends grâces au ciel, qui m'arrêtant sans cesse
10 Semblait m'avoir fermé le chemin de la Grèce,
Depuis le jour fatal que la fureur des eaux
Presque aux yeux de l'Épire écarta nos vaisseaux.
Combien dans cet exil ai-je souffert d'alarmes !
Combien à vos malheurs ai-je donné de larmes,
15 Craignant toujours pour vous quelque nouveau danger
Que ma triste amitié ne pouvait partager !
Surtout je redoutais cette mélancolie
Où j'ai vu si longtemps votre âme ensevelie.
Je craignais que le ciel, par un cruel secours,
20 Ne vous offrît la mort que vous cherchiez toujours.
Mais je vous vois, Seigneur ; et si j'ose le dire,
Un destin plus heureux vous conduit en Épire :
Le pompeux appareil qui suit ici vos pas
N'est point d'un malheureux qui cherche le trépas.

ORESTE

25 Hélas ! qui peut savoir le destin qui m'amène ?
L'amour me fait ici chercher une inhumaine.
Mais qui sait ce qu'il doit ordonner de mon sort,
Et si je viens chercher ou la vie ou la mort ?

PYLADE

Quoi ? votre âme à l'amour en esclave asservie
30 Se repose sur lui du soin de votre vie ?
Par quel charme, oubliant tant de tourments soufferts,
Pouvez-vous consentir à rentrer dans ses fers ?
Pensez-vous qu'Hermione, à Sparte inexorable,
Vous prépare en Épire un sort plus favorable ?
35 Honteux d'avoir poussé tant de vœux superflus,
Vous l'abhorriez ; enfin vous ne m'en parliez plus.
Vous me trompiez, Seigneur.

ORESTE

                Je me trompais moi-même.
Ami, n'accable point un malheureux qui t'aime.
T'ai-je jamais caché mon cœur et mes désirs ?
40 Tu vis naître ma flamme et mes premiers soupirs.
Enfin, quand Ménélas disposa de sa fille
En faveur de Pyrrhus, vengeur de sa famille,
Tu vis mon désespoir ; et tu m'as vu depuis
Traîner de mers en mers ma chaîne et mes ennuis.
45 Je te vis à regret, en cet état funeste,
Prêt à suivre partout le déplorable Oreste,
Toujours de ma fureur interrompre le cours,
Et de moi-même enfin me sauver tous les jours.
Mais quand je me souvins que parmi tant d'alarmes
50 Hermione à Pyrrhus prodiguait tous ses charmes,
Tu sais de quel courroux mon cœur alors épris
Voulut en l'oubliant punir tous ses mépris.
Je fis croire et je crus ma victoire certaine ;
Je pris tous mes transports pour des transports de haine ;
55 Détestant ses rigueurs, rabaissant ses attraits,
Je défiais ses yeux de me troubler jamais.
Voilà comme je crus étouffer ma tendresse.
En ce calme trompeur j'arrivai dans la Grèce,

Et je trouvai d'abord ses princes rassemblés,
60 Qu'un péril assez grand semblait avoir troublés.
J'y courus. Je pensai que la guerre et la gloire
De soins plus importants rempliraient ma mémoire ;
Que mes sens reprenant leur première vigueur,
L'amour achèverait de sortir de mon cœur.
65 Mais admire avec moi le sort dont la poursuite
Me fait courir alors au piège que j'évite.
J'entends de tous côtés qu'on menace Pyrrhus ;
Toute la Grèce éclate en murmures confus ;
On se plaint qu'oubliant son sang et sa promesse
70 Il élève en sa cour l'ennemi de la Grèce,
Astyanax, d'Hector jeune et malheureux fils,
Reste de tant de rois sous Troie ensevelis.
J'apprends que pour ravir son enfance au supplice
Andromaque trompa l'ingénieux Ulysse,
75 Tandis qu'un autre enfant, arraché de ses bras,
Sous le nom de son fils fut conduit au trépas.
On dit que peu sensible aux charmes d'Hermione,
Mon rival porte ailleurs son cœur et sa couronne ;
Ménélas, sans le croire, en paraît affligé,
80 Et se plaint d'un hymen si longtemps négligé.
Parmi les déplaisirs où son âme se noie,
Il s'élève en la mienne une secrète joie :
Je triomphe ; et pourtant je me flatte d'abord
Que la seule vengeance excite ce transport.
85 Mais l'ingrate en mon cœur reprit bientôt sa place :
De mes feux mal éteints je reconnus la trace ;
Je sentis que ma haine allait finir son cours,
Ou plutôt je sentis que je l'aimais toujours.
Ainsi de tous les Grecs je brigue le suffrage.
90 On m'envoie à Pyrrhus ; j'entreprends ce voyage.
Je viens voir si l'on peut arracher de ses bras
Cet enfant dont la vie alarme tant d'États :
Heureux si je pouvais, dans l'ardeur qui me presse,
Au lieu d'Astyanax lui ravir ma princesse !
95 Car enfin n'attends pas que mes feux redoublés
Des périls les plus grands puissent être troublés.
Puisqu'après tant d'efforts ma résistance est vaine,

Je me livre en aveugle au destin qui m'entraîne.
J'aime ; je viens chercher Hermione en ces lieux,
100 La fléchir, l'enlever, ou mourir à ses yeux.
Toi qui connais Pyrrhus, que penses-tu qu'il fasse ?
Dans sa cour, dans son cœur, dis-moi ce qui se passe.
Mon Hermione encor le tient-elle asservi ?
Me rendra-t-il, Pylade, un bien qu'il m'a ravi ?

Pylade

105 Je vous abuserais si j'osais vous promettre
Qu'entre vos mains, Seigneur, il voulût la remettre :
Non que de sa conquête il paraisse flatté.
Pour la veuve d'Hector ses feux ont éclaté :
Il l'aime. Mais enfin cette veuve inhumaine
110 N'a payé jusqu'ici son amour que de haine ;
Et chaque jour encore on lui voit tout tenter
Pour fléchir sa captive, ou pour l'épouvanter.
De son fils, qu'il lui cache, il menace la tête,
Et fait couler des pleurs, qu'aussitôt il arrête.
115 Hermione elle-même a vu plus de cent fois
Cet amant irrité revenir sous ses lois,
Et de ses vœux troublés lui rapportant l'hommage,
Soupirer à ses pieds moins d'amour que de rage.
Ainsi n'attendez pas que l'on puisse aujourd'hui
120 Vous répondre d'un cœur si peu maître de lui :
Il peut, Seigneur, il peut, dans ce désordre extrême,
Épouser ce qu'il hait, et punir ce qu'il aime.

Oreste

Mais dis-moi de quel œil Hermione peut voir
Son hymen différé, ses charmes sans pouvoir ?

Pylade

125 Hermione, Seigneur, au moins en apparence,
Semble de son amant dédaigner l'inconstance,
Et croit que trop heureux de fléchir sa rigueur
Il la viendra presser de reprendre son cœur.
Mais je l'ai vue enfin me confier ses larmes.
130 Elle pleure en secret le mépris de ses charmes.

Toujours prête à partir, et demeurant toujours,
Quelquefois elle appelle Oreste à son secours.

ORESTE

Ah ! si je le croyais, j'irais bientôt, Pylade,
Me jeter...

PYLADE

Achevez, Seigneur, votre ambassade.
135 Vous attendez le Roi. Parlez, et lui montrez
Contre le fils d'Hector tous les Grecs conjurés.
Loin de leur accorder ce fils de sa maîtresse,
Leur haine ne fera qu'irriter sa tendresse.
Plus on les veut brouiller, plus on va les unir.
140 Pressez, demandez tout, pour ne rien obtenir.
Il vient.

ORESTE

Hé bien ! va donc disposer la cruelle
À revoir un amant qui ne vient que pour elle.

Scène 2

Pyrrhus, Oreste, Phœnix

ORESTE

Avant que tous les Grecs vous parlent par ma voix,
Souffrez que j'ose ici me flatter de leur choix,
145 Et qu'à vos yeux, Seigneur, je montre quelque joie
De voir le fils d'Achille et le vainqueur de Troie.
Oui, comme ses exploits nous admirons vos coups :
Hector tomba sous lui, Troie expira sous vous ;
Et vous avez montré, par une heureuse audace,
150 Que le fils seul d'Achille a pu remplir sa place.
Mais, ce qu'il n'eût point fait, la Grèce avec douleur
Vous voit du sang troyen relever le malheur,
Et vous laissant toucher d'une pitié funeste,
D'une guerre si longue entretenir le reste.
155 Ne vous souvient-il plus, Seigneur, quel fut Hector ?
Nos peuples affaiblis s'en souviennent encor.

Son nom seul fait frémir nos veuves et nos filles ;
Et dans toute la Grèce il n'est point de familles
Qui ne demandent compte à ce malheureux fils
160 D'un père ou d'un époux qu'Hector leur a ravis.
Et qui sait ce qu'un jour ce fils peut entreprendre ?
Peut-être dans nos ports nous le verrons descendre,
Tel qu'on a vu son père embraser nos vaisseaux,
Et, la flamme à la main, les suivre sur les eaux.
165 Oserai-je, Seigneur, dire ce que je pense ?
Vous-même de vos soins craignez la récompense,
Et que dans votre sein ce serpent élevé
Ne vous punisse un jour de l'avoir conservé.
Enfin de tous les Grecs satisfaites l'envie,
170 Assurez leur vengeance, assurez votre vie ;
Perdez un ennemi d'autant plus dangereux
Qu'il s'essaîra sur vous à combattre contre eux.

PYRRHUS

La Grèce en ma faveur est trop inquiétée.
De soins plus importants je l'ai crue agitée,
175 Seigneur ; et sur le nom de son ambassadeur,
J'avais dans ses projets conçu plus de grandeur.
Qui croirait en effet qu'une telle entreprise
Du fils d'Agamemnon méritât l'entremise ;
Qu'un peuple tout entier, tant de fois triomphant,
180 N'eût daigné conspirer que la mort d'un enfant ?
Mais à qui prétend-on que je le sacrifie ?
La Grèce a-t-elle encor quelque droit sur sa vie ?
Et seul de tous les Grecs ne m'est-il pas permis
D'ordonner d'un captif que le sort m'a soumis ?
185 Oui, Seigneur, lorsqu'au pied des murs fumants de Troie
Les vainqueurs tout sanglants partagèrent leur proie,
Le sort, dont les arrêts furent alors suivis,
Fit tomber en mes mains Andromaque et son fils.
Hécube près d'Ulysse acheva sa misère ;
190 Cassandre dans Argos a suivi votre père :
Sur eux, sur leurs captifs ai-je étendu mes droits ?
Ai-je enfin disposé du fruit de leurs exploits ?
On craint qu'avec Hector Troie un jour ne renaisse ;

Son fils peut me ravir le jour que je lui laisse.
195 Seigneur, tant de prudence entraîne trop de soin :
Je ne sais point prévoir les malheurs de si loin.
Je songe quelle était autrefois cette ville,
Si superbe en remparts, en héros si fertile,
Maîtresse de l'Asie ; et je regarde enfin
200 Quel fut le sort de Troie et quel est son destin.
Je ne vois que des tours que la cendre a couvertes,
Un fleuve teint de sang, des campagnes désertes,
Un enfant dans les fers ; et je ne puis songer
Que Troie en cet état aspire à se venger.
205 Ah ! si du fils d'Hector la perte était jurée,
Pourquoi d'un an entier l'avons-nous différée ?
Dans le sein de Priam n'a-t-on pu l'immoler ?
Sous tant de morts, sous Troie il fallait l'accabler.
Tout était juste alors : la vieillesse et l'enfance
210 En vain sur leur faiblesse appuyaient leur défense ;
La victoire et la nuit, plus cruelles que nous,
Nous excitaient au meurtre, et confondaient nos coups.
Mon courroux aux vaincus ne fut que trop sévère.
Mais que ma cruauté survive à ma colère ?
215 Que malgré la pitié dont je me sens saisir,
Dans le sang d'un enfant je me baigne à loisir ?
Non, Seigneur. Que les Grecs cherchent quelque autre proie
Qu'ils poursuivent ailleurs ce qui reste de Troie :
De mes inimitiés le cours est achevé ;
220 L'Épire sauvera ce que Troie a sauvé.

ORESTE

Seigneur, vous savez trop avec quel artifice
Un faux Astyanax fut offert au supplice
Où le seul fils d'Hector devait être conduit.
Ce n'est pas les Troyens, c'est Hector qu'on poursuit.
225 Oui, les Grecs sur le fils persécutent le père ;
Il a par trop de sang acheté leur colère.
Ce n'est que dans le sien qu'elle peut expirer ;
Et jusque dans l'Épire il les peut attirer.
Prévenez-les.

PYRRHUS
Non, non. J'y consens avec joie :
230 Qu'ils cherchent dans l'Épire une seconde Troie ;
Qu'ils confondent leur haine, et ne distinguent plus
Le sang qui les fit vaincre et celui des vaincus.
Aussi bien ce n'est pas la première injustice
Dont la Grèce d'Achille a payé le service.
235 Hector en profita, Seigneur ; et quelque jour
Son fils en pourrait bien profiter à son tour.

ORESTE
Ainsi la Grèce en vous trouve un enfant rebelle ?

PYRRHUS
Et je n'ai donc vaincu que pour dépendre d'elle ?

ORESTE
Hermione, Seigneur, arrêtera vos coups :
240 Ses yeux s'opposeront entre son père et vous.

PYRRHUS
Hermione, Seigneur, peut m'être toujours chère ;
Je puis l'aimer, sans être esclave de son père ;
Et je saurai peut-être accorder quelque jour
Les soins de ma grandeur et ceux de mon amour.
245 Vous pouvez cependant voir la fille d'Hélène :
Du sang qui vous unit je sais l'étroite chaîne.
Après cela, Seigneur, je ne vous retiens plus,
Et vous pourrez aux Grecs annoncer mon refus.

Scène 3

Pyrrhus, Phœnix

PHŒNIX
Ainsi vous l'envoyez aux pieds de sa maîtresse ?

PYRRHUS
250 On dit qu'il a longtemps brûlé pour la princesse.

PHŒNIX

Mais si ce feu, Seigneur, vient à se rallumer ?
S'il lui rendait son cœur, s'il s'en faisait aimer ?

PYRRHUS

Ah ! qu'ils s'aiment, Phœnix : j'y consens. Qu'elle parte.
Que charmés l'un de l'autre, ils retournent à Sparte :
255 Tous nos ports sont ouverts et pour elle et pour lui.
Qu'elle m'épargnerait de contrainte et d'ennui !

PHŒNIX

Seigneur…

PYRRHUS

      Une autre fois je t'ouvrirai mon âme :
Andromaque paraît.

Scène 4

Pyrrhus, Andromaque, Céphise

PYRRHUS

      Me cherchiez-vous, Madame ?
Un espoir si charmant me serait-il permis ?

ANDROMAQUE

260 Je passais jusqu'aux lieux où l'on garde mon fils.
Puisqu'une fois le jour vous souffrez que je voie
Le seul bien qui me reste et d'Hector et de Troie,
J'allais, Seigneur, pleurer un moment avec lui :
Je ne l'ai point encore embrassé d'aujourd'hui.

PYRRHUS

265 Ah ! Madame, les Grecs, si j'en crois leurs alarmes,
Vous donneront bientôt d'autres sujets de larmes.

ANDROMAQUE

Et quelle est cette peur dont leur cœur est frappé,
Seigneur ? Quelque Troyen vous est-il échappé ?

PYRRHUS

Leur haine pour Hector n'est pas encore éteinte.
270 Ils redoutent son fils.

ANDROMAQUE
Digne objet de leur crainte !
Un enfant malheureux, qui ne sait pas encor
Que Pyrrhus est son maître, et qu'il est fils d'Hector.

PYRRHUS
Tel qu'il est, tous les Grecs demandent qu'il périsse.
Le fils d'Agamemnon vient hâter son supplice.

ANDROMAQUE
275   Et vous prononcerez un arrêt si cruel ?
Est-ce mon intérêt qui le rend criminel ?
Hélas ! on ne craint point qu'il venge un jour son père ;
On craint qu'il n'essuyât les larmes de sa mère.
Il m'aurait tenu lieu d'un père et d'un époux ;
280   Mais il me faut tout perdre, et toujours par vos coups.

PYRRHUS
Madame, mes refus ont prévenu vos larmes,
Tous les Grecs m'ont déjà menacé de leurs armes ;
Mais dussent-ils encore, en repassant les eaux,
Demander votre fils avec mille vaisseaux ;
285   Coûtât-il tout le sang qu'Hélène a fait répandre ;
Dussé-je après dix ans voir mon palais en cendre,
Je ne balance point, je vole à son secours :
Je défendrai sa vie aux dépens de mes jours.
Mais parmi ces périls où je cours pour vous plaire,
290   Me refuserez-vous un regard moins sévère ?
Haï de tous les Grecs, pressé de tous côtés,
Me faudra-t-il combattre encor vos cruautés ?
Je vous offre mon bras. Puis-je espérer encore
Que vous accepterez un cœur qui vous adore ?
295   En combattant pour vous, me sera-t-il permis
De ne vous point compter parmi mes ennemis ?

ANDROMAQUE
Seigneur, que faites-vous, et que dira la Grèce ?
Faut-il qu'un si grand cœur montre tant de faiblesse ?
Voulez-vous qu'un dessein si beau, si généreux,
300   Passe pour le transport d'un esprit amoureux ?
Captive, toujours triste, importune à moi-même,

Pouvez-vous souhaiter qu'Andromaque vous aime ?
Quels charmes ont pour vous des yeux infortunés
Qu'à des pleurs éternels vous avez condamnés ?
305 Non, non, d'un ennemi respecter la misère,
Sauver des malheureux, rendre un fils à sa mère,
De cent peuples pour lui combattre la rigueur,
Sans me faire payer son salut de mon cœur,
Malgré moi, s'il le faut, lui donner un asile :
310 Seigneur, voilà des soins dignes du fils d'Achille.

Pyrrhus
Hé quoi ? votre courroux n'a-t-il pas eu son cours ?
Peut-on haïr sans cesse ? et punit-on toujours ?
J'ai fait des malheureux, sans doute ; et la Phrygie
Cent fois de votre sang a vu ma main rougie.
315 Mais que vos yeux sur moi se sont bien exercés !
Qu'ils m'ont vendu bien cher les pleurs qu'ils ont versés !
De combien de remords m'ont-ils rendu la proie !
Je souffre tous les maux que j'ai faits devant Troie.
Vaincu, chargé de fers, de regrets consumé,
320 Brûlé de plus de feux que je n'en allumé,
Tant de soins, tant de pleurs, tant d'ardeurs inquiètes…
Hélas ! fus-je jamais si cruel que vous l'êtes ?
Mais enfin, tour à tour, c'est assez nous punir :
Nos ennemis communs devraient nous réunir.
325 Madame, dites-moi seulement que j'espère,
Je vous rends votre fils, et je lui sers de père ;
Je l'instruirai moi-même à venger les Troyens ;
J'irai punir les Grecs de vos maux et des miens.
Animé d'un regard, je puis tout entreprendre :
330 Votre Ilion encor peut sortir de sa cendre ;
Je puis, en moins de temps que les Grecs ne l'ont pris,
Dans ses murs relevés couronner votre fils.

Andromaque
Seigneur, tant de grandeurs ne nous touchent plus guère :
Je les lui promettais tant qu'a vécu son père.
335 Non, vous n'espérez plus de nous revoir encor,
Sacrés murs, que n'a pu conserver mon Hector.
À de moindres faveurs des malheureux prétendent,

Seigneur : c'est un exil que mes pleurs vous demandent.
Souffrez que loin des Grecs, et même loin de vous,
340 J'aille cacher mon fils et pleurer mon époux.
Votre amour contre nous allume trop de haine :
Retournez, retournez à la fille d'Hélène.

Pyrrhus

Et le puis-je, Madame ? Ah ! que vous me gênez !
Comment lui rendre un cœur que vous me retenez ?
345 Je sais que de mes vœux on lui promit l'empire ;
Je sais que pour régner elle vint dans l'Épire ;
Le sort vous y voulut l'une et l'autre amener :
Vous, pour porter des fers ; elle, pour en donner.
Cependant ai-je pris quelque soin de lui plaire ?
350 Et ne dirait-on pas, en voyant au contraire
Vos charmes tout-puissants et les siens dédaignés,
Qu'elle est ici captive et que vous y régnez ?
Ah ! qu'un seul des soupirs que mon cœur vous envoie,
S'il s'échappait vers elle, y porterait de joie !

Andromaque

355 Et pourquoi vos soupirs seraient-ils repoussés ?
Aurait-elle oublié vos services passés ?
Troie, Hector, contre vous révoltent-ils son âme ?
Aux cendres d'un époux doit-elle enfin sa flamme ?
Et quel époux encore ! Ah ! souvenir cruel !
360 Sa mort seule a rendu votre père immortel.
Il doit au sang d'Hector tout l'éclat de ses armes,
Et vous n'êtes tous deux connus que par mes larmes.

Pyrrhus

Hé bien, Madame, hé bien, il faut vous obéir :
Il faut vous oublier, ou plutôt vous haïr.
365 Oui, mes vœux ont trop loin poussé leur violence
Pour ne plus s'arrêter que dans l'indifférence.
Songez-y bien : il faut désormais que mon cœur,
S'il n'aime avec transport, haïsse avec fureur.
Je n'épargnerai rien dans ma juste colère :
370 Le fils me répondra des mépris de la mère ;

La Grèce le demande, et je ne prétends pas
Mettre toujours ma gloire à sauver des ingrats.

ANDROMAQUE
Hélas ! il mourra donc. Il n'a pour sa défense
Que les pleurs de sa mère et que son innocence.
375 Et peut-être après tout, en l'état où je suis,
Sa mort avancera la fin de mes ennuis.
Je prolongeais pour lui ma vie et ma misère ;
Mais enfin sur ses pas j'irai revoir son père.
Ainsi tous trois, Seigneur, par vos soins réunis,
380 Nous vous…

PYRRHUS
Allez, Madame, allez voir votre fils.
Peut-être, en le voyant, votre amour plus timide
Ne prendra pas toujours sa colère pour guide.
Pour savoir nos destins, j'irai vous retrouver.
Madame, en l'embrassant, songez à le sauver.

ACTE II

Scène première

Hermione, Cléone

HERMIONE

385 Je fais ce que tu veux. Je consens qu'il me voie.
Je lui veux bien encore accorder cette joie.
Pylade va bientôt conduire ici ses pas ;
Mais si je m'en croyais, je ne le verrais pas.

CLÉONE

390 Et qu'est-ce que sa vue a pour vous de funeste ?
Madame, n'est-ce pas toujours le même Oreste
Dont vous avez cent fois souhaité le retour,
Et dont vous regrettiez la constance et l'amour ?

HERMIONE

C'est cet amour payé de trop d'ingratitude
Qui me rend en ces lieux sa présence si rude.
395 Quelle honte pour moi, quel triomphe pour lui,
De voir mon infortune égaler son ennui !
Est-ce là, dira-t-il, cette fière Hermione ?
Elle me dédaignait ; un autre l'abandonne.
L'ingrate, qui mettait son cœur à si haut prix,
400 Apprend donc à son tour à souffrir des mépris ?
Ah Dieux !

CLÉONE

Ah ! dissipez ces indignes alarmes :
Il a trop bien senti le pouvoir de vos charmes.
Vous croyez qu'un amant vienne vous insulter ?
Il vous rapporte un cœur qu'il n'a pu vous ôter.
405 Mais vous ne dites point ce que vous mande un père.

Hermione

Dans ses retardements si Pyrrhus persévère,
À la mort du Troyen s'il ne veut consentir,
Mon père avec les Grecs m'ordonne de partir.

Cléone

Hé bien, Madame, hé bien ! écoutez donc Oreste.
410 Pyrrhus a commencé, faites au moins le reste.
Pour bien faire, il faudrait que vous le prévinssiez.
Ne m'avez-vous pas dit que vous le haïssiez ?

Hermione

Si je le hais, Cléone ! Il y va de ma gloire,
Après tant de bontés dont il perd la mémoire.
415 Lui qui me fut si cher, et qui m'a pu trahir,
Ah ! je l'ai trop aimé pour ne le point haïr.

Cléone

Fuyez-le donc, Madame ; et puisqu'on vous adore...

Hermione

Ah ! laisse à ma fureur le temps de croître encore ;
Contre mon ennemi laisse-moi m'assurer :
420 Cléone, avec horreur je m'en veux séparer.
Il n'y travaillera que trop bien, l'infidèle !

Cléone

Quoi ? vous en attendez quelque injure nouvelle ?
Aimer une captive, et l'aimer à vos yeux,
Tout cela n'a donc pu vous le rendre odieux ?
425 Après ce qu'il a fait, que saurait-il donc faire ?
Il vous aurait déplu, s'il pouvait vous déplaire.

Hermione

Pourquoi veux-tu, cruelle, irriter mes ennuis ?
Je crains de me connaître en l'état où je suis.
De tout ce que tu vois tâche de ne rien croire ;
430 Crois que je n'aime plus, vante-moi ma victoire ;
Crois que dans son dépit mon cœur est endurci,
Hélas ! et s'il se peut, fais-le-moi croire aussi.
Tu veux que je le fuie. Hé bien ! rien ne m'arrête :
Allons. N'envions plus son indigne conquête ;

435 Que sur lui sa captive étende son pouvoir.
     Fuyons… Mais si l'ingrat rentrait dans son devoir !
     Si la foi dans son cœur retrouvait quelque place !
     S'il venait à mes pieds me demander sa grâce !
     Si sous mes lois, Amour, tu pouvais l'engager !
440 S'il voulait !… Mais l'ingrat ne veut que m'outrager.
     Demeurons toutefois pour troubler leur fortune ;
     Prenons quelque plaisir à leur être importune ;
     Ou le forçant de rompre un nœud si solennel,
     Aux yeux de tous les Grecs rendons-le criminel.
445 J'ai déjà sur le fils attiré leur colère ;
     Je veux qu'on vienne encor lui demander la mère.
     Rendons-lui les tourments qu'elle me fait souffrir :
     Qu'elle le perde, ou bien qu'il la fasse périr.

CLÉONE

Vous pensez que des yeux toujours ouverts aux larmes
450 Se plaisent à troubler le pouvoir de vos charmes,
     Et qu'un cœur accablé de tant de déplaisirs
     De son persécuteur ait brigué les soupirs ?
     Voyez si sa douleur en paraît soulagée.
     Pourquoi donc les chagrins où son âme est plongée ?
455 Contre un amant qui plaît pourquoi tant de fierté ?

HERMIONE

Hélas ! pour mon malheur, je l'ai trop écouté.
Je n'ai point du silence affecté le mystère :
Je croyais sans péril pouvoir être sincère ;
Et sans armer mes yeux d'un moment de rigueur,
460 Je n'ai pour lui parler consulté que mon cœur.
     Et qui ne se serait comme moi déclarée
     Sur la foi d'une amour si saintement jurée ?
     Me voyait-il de l'œil qu'il me voit aujourd'hui ?
     Tu t'en souviens encor, tout conspirait pour lui.
465 Ma famille vengée, et les Grecs dans la joie,
     Nos vaisseaux tout chargés des dépouilles de Troie,
     Les exploits de son père effacés par les siens,
     Ses feux que je croyais plus ardents que les miens,
     Mon cœur, toi-même enfin de sa gloire éblouie,
470 Avant qu'il me trahît, vous m'avez tous trahie.

Mais c'en est trop, Cléone, et quel que soit Pyrrhus,
Hermione est sensible, Oreste a des vertus.
Il sait aimer du moins, et même sans qu'on l'aime ;
Et peut-être il saura se faire aimer lui-même.
475 Allons : qu'il vienne enfin.

CLÉONE
Madame, le voici.

HERMIONE
Ah ! je ne croyais pas qu'il fût si près d'ici.

Scène 2

Hermione, Oreste, Cléone

HERMIONE
Le croirai-je, Seigneur, qu'un reste de tendresse
Vous fasse ici chercher une triste princesse ?
Ou ne dois-je imputer qu'à votre seul devoir
480 L'heureux empressement qui vous porte à me voir ?

ORESTE
Tel est de mon amour l'aveuglement funeste.
Vous le savez, Madame ; et le destin d'Oreste
Est de venir sans cesse adorer vos attraits,
Et de jurer toujours qu'il n'y viendra jamais.
485 Je sais que vos regards vont rouvrir mes blessures,
Que tous mes pas vers vous sont autant de parjures :
Je le sais, j'en rougis. Mais j'atteste les Dieux,
Témoins de la fureur de mes derniers adieux,
Que j'ai couru partout où ma perte certaine
490 Dégageait mes serments et finissait ma peine.
J'ai mendié la mort chez des peuples cruels
Qui n'apaisaient leurs Dieux que du sang des mortels :
Ils m'ont fermé leur temple ; et ces peuples barbares
De mon sang prodigué sont devenus avares.
495 Enfin je viens à vous, et je me vois réduit
À chercher dans vos yeux une mort qui me fuit.
Mon désespoir n'attend que leur indifférence :
Ils n'ont qu'à m'interdire un reste d'espérance,

Ils n'ont, pour avancer cette mort où je cours,
500 Qu'à me dire une fois ce qu'ils m'ont dit toujours.
Voilà, depuis un an, le seul soin qui m'anime.
Madame, c'est à vous de prendre une victime
Que les Scythes auraient dérobée à vos coups,
Si j'en avais trouvé d'aussi cruels que vous.

Hermione

505 Quittez, Seigneur, quittez ce funeste langage.
À des soins plus pressants la Grèce vous engage.
Que parlez-vous du Scythe et de mes cruautés ?
Songez à tous ces rois que vous représentez.
Faut-il que d'un transport leur vengeance dépende ?
510 Est-ce le sang d'Oreste enfin qu'on vous demande ?
Dégagez-vous des soins dont vous êtes chargé.

Oreste

Les refus de Pyrrhus m'ont assez dégagé,
Madame : il me renvoie ; et quelque autre puissance
Lui fait du fils d'Hector embrasser la défense.

Hermione

515 L'infidèle !

Oreste

Ainsi donc, tout prêt à le quitter,
Sur mon propre destin je viens vous consulter.
Déjà même je crois entendre la réponse
Qu'en secret contre moi votre haine prononce.

Hermione

Hé quoi ? toujours injuste en vos tristes discours,
520 De mon inimitié vous plaindrez-vous toujours ?
Quelle est cette rigueur tant de fois alléguée ?
J'ai passé dans l'Épire, où j'étais reléguée :
Mon père l'ordonnait. Mais qui sait si depuis
Je n'ai point en secret partagé vos ennuis ?
525 Pensez-vous avoir seul éprouvé des alarmes ?
Que l'Épire jamais n'ait vu couler mes larmes ?
Enfin qui vous a dit que malgré mon devoir
Je n'ai pas quelquefois souhaité de vous voir ?

####### ORESTE

Souhaité de me voir ! Ah ! divine Princesse...
530 Mais, de grâce, est-ce à moi que ce discours s'adresse ?
Ouvrez vos yeux : songez qu'Oreste est devant vous,
Oreste, si longtemps l'objet de leur courroux.

####### HERMIONE

Oui, c'est vous dont l'amour, naissant avec leurs charmes,
Leur apprit le premier le pouvoir de leurs armes ;
535 Vous que mille vertus me forçaient d'estimer ;
Vous que j'ai plaint, enfin que je voudrais aimer.

####### ORESTE

Je vous entends. Tel est mon partage funeste :
Le cœur est pour Pyrrhus, et les vœux pour Oreste.

####### HERMIONE

Ah ! ne souhaitez pas le destin de Pyrrhus :
540 Je vous haïrais trop.

####### ORESTE

                    Vous m'en aimeriez plus.
Ah ! que vous me verriez d'un regard bien contraire !
Vous me voulez aimer, et je ne puis vous plaire ;
Et l'amour seul alors se faisant obéir,
Vous m'aimeriez, Madame, en me voulant haïr.
545 Ô Dieux ! tant de respects, une amitié si tendre...
Que de raisons pour moi, si vous pouviez m'entendre !
Vous seule pour Pyrrhus disputez aujourd'hui,
Peut-être malgré vous, sans doute malgré lui.
Car enfin il vous hait ; son âme ailleurs éprise
550 N'a plus...

####### HERMIONE

            Qui vous l'a dit, Seigneur, qu'il me méprise ?
Ses regards, ses discours vous l'ont-ils donc appris ?
Jugez-vous que ma vue inspire des mépris,
Qu'elle allume en un cœur des feux si peu durables ?
Peut-être d'autres yeux me sont plus favorables.

ORESTE

555 Poursuivez : il est beau de m'insulter ainsi.
Cruelle, c'est donc moi qui vous méprise ici ?
Vos yeux n'ont pas assez éprouvé ma constance ?
Je suis donc un témoin de leur peu de puissance ?
Je les ai méprisés ? Ah ! qu'ils voudraient bien voir
560 Mon rival, comme moi, mépriser leur pouvoir !

HERMIONE

Que m'importe, Seigneur, sa haine ou sa tendresse ?
Allez contre un rebelle armer toute la Grèce ;
Rapportez-lui le prix de sa rébellion ;
Qu'on fasse de l'Épire un second Ilion.
565 Allez. Après cela direz-vous que je l'aime ?

ORESTE

Madame, faites plus, et venez-y vous-même.
Voulez-vous demeurer pour otage en ces lieux ?
Venez dans tous les cœurs faire parler vos yeux.
Faisons de notre haine une commune attaque.

HERMIONE

570 Mais, Seigneur, cependant s'il épouse Andromaque ?

ORESTE

Hé ! Madame.

HERMIONE

Songez quelle honte pour nous
Si d'une Phrygienne il devenait l'époux !

ORESTE

Et vous le haïssez ? Avouez-le, Madame,
L'amour n'est pas un feu qu'on renferme en une âme ;
575 Tout nous trahit, la voix, le silence, les yeux ;
Et les feux mal couverts n'en éclatent que mieux.

HERMIONE

Seigneur, je le vois bien, votre âme prévenue
Répand sur mes discours le venin qui la tue,
Toujours dans mes raisons cherche quelque détour,
580 Et croit qu'en moi la haine est un effort d'amour.

Il faut donc m'expliquer : vous agirez ensuite.
Vous savez qu'en ces lieux mon devoir m'a conduite ;
Mon devoir m'y retient, et je n'en puis partir
Que mon père ou Pyrrhus ne m'en fasse sortir.
585 De la part de mon père allez lui faire entendre
Que l'ennemi des Grecs ne peut être son gendre :
Du Troyen ou de moi faites-le décider ;
Qu'il songe qui des deux il veut rendre ou garder ;
Enfin qu'il me renvoie, ou bien qu'il vous le livre.
590 Adieu : s'il y consent, je suis prête à vous suivre.

Scène 3

Oreste, seul.

Oui, oui, vous me suivrez, n'en doutez nullement :
Je vous réponds déjà de son consentement.
Je ne crains pas enfin que Pyrrhus la retienne :
Il n'a devant les yeux que sa chère Troyenne ;
595 Tout autre objet le blesse ; et peut-être aujourd'hui
Il n'attend qu'un prétexte à l'éloigner de lui.
Nous n'avons qu'à parler : c'en est fait. Quelle joie
D'enlever à l'Épire une si belle proie !
Sauve tout ce qui reste et de Troie et d'Hector,
600 Garde son fils, sa veuve, et mille autres encor,
Épire : c'est assez qu'Hermione rendue
Perde à jamais tes bords et ton prince de vue.
Mais un heureux destin le conduit en ces lieux.
Parlons. À tant d'attraits, Amour, ferme ses yeux !

Scène 4

Pyrrhus, Oreste, Phœnix

PYRRHUS

605 Je vous cherchais, Seigneur. Un peu de violence
M'a fait de vos raisons combattre la puissance,
Je l'avoue ; et depuis que je vous ai quitté,
J'en ai senti la force et connu l'équité.

J'ai songé, comme vous, qu'à la Grèce, à mon père,
610 À moi-même, en un mot, je devenais contraire ;
Que je relevais Troie, et rendais imparfait
Tout ce qu'a fait Achille et tout ce que j'ai fait.
Je ne condamne plus un courroux légitime,
Et l'on vous va, Seigneur, livrer votre victime.

Oreste

615 Seigneur, par ce conseil prudent et rigoureux,
C'est acheter la paix du sang d'un malheureux.

Pyrrhus

Oui, mais je veux, Seigneur, l'assurer davantage :
D'une éternelle paix Hermione est le gage ;
Je l'épouse. Il semblait qu'un spectacle si doux
620 N'attendît en ces lieux qu'un témoin tel que vous.
Vous y représentez tous les Grecs et son père,
Puisqu'en vous Ménélas voit revivre son frère.
Voyez-la donc. Allez. Dites-lui que demain
J'attends, avec la paix, son cœur de votre main.

Oreste

625 Ah Dieux !

Scène 5

Pyrrhus, Phœnix

Pyrrhus

Hé bien, Phœnix, l'amour est-il le maître ?
Tes yeux refusent-ils encor de me connaître ?

Phœnix

Ah ! je vous reconnais ; et ce juste courroux,
Ainsi qu'à tous les Grecs, Seigneur, vous rend à vous.
Ce n'est plus le jouet d'une flamme servile :
630 C'est Pyrrhus, c'est le fils et le rival d'Achille,
Que la gloire à la fin ramène sous ses lois,
Qui triomphe de Troie une seconde fois.

Pyrrhus

Dis plutôt qu'aujourd'hui commence ma victoire.
D'aujourd'hui seulement je jouis de ma gloire ;
635 Et mon cœur, aussi fier que tu l'as vu soumis,
Croit avoir en l'amour vaincu mille ennemis.
Considère, Phœnix, les troubles que j'évite,
Quelle foule de maux l'amour traîne à sa suite,
Que d'amis, de devoirs j'allais sacrifier,
640 Quels périls... Un regard m'eût tout fait oublier.
Tous les Grecs conjurés fondaient sur un rebelle.
Je trouvais du plaisir à me perdre pour elle.

Phœnix

Oui, je bénis, Seigneur, l'heureuse cruauté
Qui vous rend...

Pyrrhus

        Tu l'as vu, comme elle m'a traité.
645 Je pensais, en voyant sa tendresse alarmée,
Que son fils me la dût renvoyer désarmée.
J'allais voir le succès de ses embrassements :
Je n'ai trouvé que pleurs mêlés d'emportements.
Sa misère l'aigrit ; et toujours plus farouche,
650 Cent fois le nom d'Hector est sorti de sa bouche.
Vainement à son fils, j'assurais mon secours :
« C'est Hector, disait-elle en l'embrassant toujours ;
Voilà ses yeux, sa bouche, et déjà son audace ;
C'est lui-même, c'est toi, cher époux, que j'embrasse. »
655 Et quelle est sa pensée ? Attend-elle en ce jour
Que je lui laisse un fils pour nourrir son amour ?

Phœnix

Sans doute. C'est le prix que vous gardait l'ingrate.
Mais laissez-la, Seigneur.

Pyrrhus

        Je vois ce qui la flatte.
Sa beauté la rassure ; et malgré mon courroux,
660 L'orgueilleuse m'attend encore à ses genoux.
Je la verrais aux miens, Phœnix, d'un œil tranquille.
Elle est veuve d'Hector, et je suis fils d'Achille :
Trop de haine sépare Andromaque et Pyrrhus.

PHŒNIX

Commencez donc, Seigneur, à ne m'en parler plus.
665 Allez voir Hermione ; et content de lui plaire,
Oubliez à ses pieds jusqu'à votre colère.
Vous-même à cet hymen venez la disposer.
Est-ce sur un rival qu'il s'en faut reposer ?
Il ne l'aime que trop.

PYRRHUS

Crois-tu, si je l'épouse,
670 Qu'Andromaque en son cœur n'en sera pas jalouse ?

PHŒNIX

Quoi ? toujours Andromaque occupe votre esprit ?
Que vous importe, ô Dieux ! sa joie ou son dépit ?
Quel charme, malgré vous, vers elle vous attire ?

PYRRHUS

Non, je n'ai pas bien dit tout ce qu'il lui faut dire :
675 Ma colère à ses yeux n'a paru qu'à demi ;
Elle ignore à quel point je suis son ennemi.
Retournons-y. Je veux la braver à sa vue,
Et donner à ma haine une libre étendue.
Viens voir tous ses attraits, Phœnix, humiliés.
680 Allons.

PHŒNIX

Allez, Seigneur, vous jeter à ses pieds.
Allez, en lui jurant que votre âme l'adore,
À de nouveaux mépris l'encourager encore.

PYRRHUS

Je le vois bien, tu crois que prêt à l'excuser
Mon cœur court après elle et cherche à s'apaiser.

PHŒNIX

685 Vous aimez : c'est assez.

PYRRHUS

Moi l'aimer ? une ingrate
Qui me hait d'autant plus que mon amour la flatte ?
Sans parents, sans amis, sans espoir que sur moi,

Je puis perdre son fils ; peut-être je le doi.
Étrangère... que dis-je ? esclave dans l'Épire,
690 Je lui donne son fils, mon âme, mon empire ;
Et je ne puis gagner dans son perfide cœur
D'autre rang que celui de son persécuteur ?
Non, non, je l'ai juré, ma vengeance est certaine :
Il faut bien une fois justifier sa haine.
695 J'abandonne son fils. Que de pleurs vont couler !
De quel nom sa douleur me va-t-elle appeler !
Quel spectacle pour elle aujourd'hui se dispose !
Elle en mourra, Phœnix, et j'en serai la cause.
C'est lui mettre moi-même un poignard dans le sein.

PHŒNIX
700 Et pourquoi donc en faire éclater le dessein ?
Que ne consultiez-vous tantôt votre faiblesse ?

PYRRHUS
Je t'entends. Mais excuse un reste de tendresse.
Crains-tu pour ma colère un si faible combat ?
D'un amour qui s'éteint c'est le dernier éclat.
705 Allons. À tes conseils, Phœnix, je m'abandonne.
Faut-il livrer son fils ? faut-il voir Hermione ?

PHŒNIX
Oui, voyez-la, Seigneur, et par des vœux soumis
Protestez-lui...

PYRRHUS
Faisons tout ce que j'ai promis.

ACTE III

Scène première

Oreste, Pylade

PYLADE
Modérez donc, Seigneur, cette fureur extrême.
710 Je ne vous connais plus : vous n'êtes plus vous-même.
Souffrez…

ORESTE
           Non, tes conseils ne sont plus de saison,
Pylade, je suis las d'écouter la raison.
C'est traîner trop longtemps ma vie et mon supplice :
Il faut que je l'enlève, ou bien que je périsse.
715 Le dessein en est pris, je le veux achever.
Oui, je le veux.

PYLADE
              Hé bien, il la faut enlever :
J'y consens. Mais songez cependant où vous êtes.
Que croira-t-on de vous, à voir ce que vous faites ?
Dissimulez : calmez ce transport inquiet.
720 Commandez à vos yeux de garder le secret.
Ces gardes, cette cour, l'air qui vous environne,
Tout dépend de Pyrrhus, et surtout Hermione.
À ses regards surtout cachez votre courroux.
Ô Dieux ! en cet état pourquoi la cherchiez-vous ?

ORESTE
725 Que sais-je ? De moi-même étais-je alors le maître ?
La fureur m'emportait, et je venais peut-être
Menacer à la fois l'ingrate et son amant.

PYLADE

Et quel était le fruit de cet emportement ?

ORESTE

Et quelle âme, dis-moi, ne serait éperdue
730 Du coup dont ma raison vient d'être confondue ?
Il épouse, dit-il, Hermione demain ;
Il veut, pour m'honorer, la tenir de ma main.
Ah ! plutôt cette main dans le sang du barbare...

PYLADE

Vous l'accusez, Seigneur, de ce destin bizarre.
735 Cependant, tourmenté de ses propres desseins,
Il est peut-être à plaindre autant que je vous plains.

ORESTE

Non, non, je le connais, mon désespoir le flatte ;
Sans moi, sans mon amour, il dédaignait l'ingrate ;
Ses charmes jusque-là n'avaient pu le toucher :
740 Le cruel ne la prend que pour me l'arracher.
Ah Dieux ! c'en était fait : Hermione gagnée
Pour jamais de sa vue allait être éloignée.
Son cœur, entre l'amour et le dépit confus,
Pour se donner à moi n'attendait qu'un refus ;
745 Ses yeux s'ouvraient, Pylade ; elle écoutait Oreste,
Lui parlait, le plaignait. Un mot eût fait le reste.

PYLADE

Vous le croyez.

ORESTE

      Hé quoi ? ce courroux enflammé
Contre un ingrat...

PYLADE

      Jamais il ne fut plus aimé.
Pensez-vous, quand Pyrrhus vous l'aurait accordée,
750 Qu'un prétexte tout prêt ne l'eût pas retardée ?
M'en croirez-vous ? Lassé de ses trompeurs attraits,
Au lieu de l'enlever, fuyez-la pour jamais.
Quoi ? votre amour se veut charger d'une furie
Qui vous détestera, qui toute votre vie

755 Regrettant un hymen tout prêt à s'achever,
Voudra...

ORESTE
C'est pour cela que je veux l'enlever.
Tout lui rirait, Pylade ; et moi, pour mon partage,
Je n'emporterais donc qu'une inutile rage ?
J'irais loin d'elle encor tâcher de l'oublier ?
760 Non, non, à mes tourments je veux l'associer.
C'est trop gémir tout seul. Je suis las qu'on me plaigne :
Je prétends qu'à mon tour l'inhumaine me craigne,
Et que ses yeux cruels, à pleurer condamnés,
Me rendent tous les noms que je leur ai donnés.

PYLADE
765 Voilà donc le succès qu'aura votre ambassade :
Oreste ravisseur !

ORESTE
Et qu'importe, Pylade ?
Quand nos États vengés jouiront de mes soins,
L'ingrate de mes pleurs jouira-t-elle moins ?
Et que me servira que la Grèce m'admire,
770 Tandis que je serai la fable de l'Épire ?
Que veux-tu ? Mais, s'il faut ne te rien déguiser,
Mon innocence enfin commence à me peser.
Je ne sais de tout temps quelle injuste puissance
Laisse le crime en paix et poursuit l'innocence.
775 De quelque part sur moi que je tourne les yeux,
Je ne vois que malheurs qui condamnent les Dieux.
Méritons leur courroux, justifions leur haine,
Et que le fruit du crime en précède la peine.
Mais toi, par quelle erreur veux-tu toujours sur toi
780 Détourner un courroux qui ne cherche que moi ?
Assez et trop longtemps mon amitié t'accable :
Évite un malheureux, abandonne un coupable.
Cher Pylade, crois-moi, ta pitié te séduit.
Laisse-moi des périls dont j'attends tout le fruit.
785 Porte aux Grecs cet enfant que Pyrrhus m'abandonne.
Va-t'en.

PYLADE

Allons, Seigneur, enlevons Hermione.
Au travers des périls un grand cœur se fait jour.
Que ne peut l'amitié conduite par l'amour ?
Allons de tous vos Grecs encourager le zèle.
790 Nos vaisseaux sont tout prêts, et le vent nous appelle.
Je sais de ce palais tous les détours obscurs ;
Vous voyez que la mer en vient battre les murs ;
Et cette nuit, sans peine, une secrète voie
Jusqu'en votre vaisseau conduira votre proie.

ORESTE

795 J'abuse, cher ami, de ton trop d'amitié.
Mais pardonne à des maux dont toi seul as pitié ;
Excuse un malheureux qui perd tout ce qu'il aime,
Que tout le monde hait, et qui se hait lui-même.
Que ne puis-je à mon tour dans un sort plus heureux…

PYLADE

800 Dissimulez, Seigneur : c'est tout ce que je veux.
Gardez qu'avant le coup votre dessein n'éclate :
Oubliez jusque-là qu'Hermione est ingrate ;
Oubliez votre amour. Elle vient, je la voi.

ORESTE

Va-t'en. Réponds-moi d'elle, et je réponds de moi.

Scène 2

Hermione, Oreste, Cléone

ORESTE

805 Hé bien ! mes soins vous ont rendu votre conquête.
J'ai vu Pyrrhus, Madame, et votre hymen s'apprête.

HERMIONE

On le dit ; et de plus on vient de m'assurer
Que vous ne me cherchiez que pour m'y préparer.

ORESTE

Et votre âme à ses vœux ne sera pas rebelle ?

HERMIONE

810 Qui l'eût cru, que Pyrrhus ne fût pas infidèle ?
Que sa flamme attendrait si tard pour éclater ?
Qu'il reviendrait à moi quand je l'allais quitter ?
Je veux croire avec vous qu'il redoute la Grèce,
815 Qu'il suit son intérêt plutôt que sa tendresse,
Que mes yeux sur votre âme étaient plus absolus.

ORESTE

Non, Madame : il vous aime, et je n'en doute plus.
Vos yeux ne font-ils pas tout ce qu'ils veulent faire ?
Et vous ne vouliez pas sans doute lui déplaire.

HERMIONE

Mais que puis-je, Seigneur ? On a promis ma foi.
820 Lui ravirai-je un bien qu'il ne tient pas de moi ?
L'amour ne règle pas le sort d'une princesse :
La gloire d'obéir est tout ce qu'on nous laisse.
Cependant je partais, et vous avez pu voir
Combien je relâchais pour vous de mon devoir.

ORESTE

825 Ah ! que vous saviez bien, cruelle… Mais, Madame,
Chacun peut à son choix disposer de son âme.
La vôtre était à vous. J'espérais ; mais enfin
Vous l'avez pu donner sans me faire un larcin.
Je vous accuse aussi bien moins que la fortune.
830 Et pourquoi vous lasser d'une plainte importune ?
Tel est votre devoir, je l'avoue ; et le mien
Est de vous épargner un si triste entretien.

Scène 3

Hermione, Cléone

HERMIONE

Attendais-tu, Cléone, un courroux si modeste ?

CLÉONE

La douleur qui se tait n'en est que plus funeste.
835 Je le plains : d'autant plus qu'auteur de son ennui,

Le coup qui l'a perdu n'est parti que de lui.
Comptez depuis quel temps votre hymen se prépare.
Il a parlé, Madame, et Pyrrhus se déclare.

HERMIONE

Tu crois que Pyrrhus craint ? Et que craint-il encor ?
840 Des peuples qui dix ans ont fui devant Hector,
Qui cent fois, effrayés de l'absence d'Achille,
Dans leurs vaisseaux brûlants ont cherché leur asile,
Et qu'on verrait encor, sans l'appui de son fils,
Redemander Hélène aux Troyens impunis ?
845 Non, Cléone, il n'est point ennemi de lui-même ;
Il veut tout ce qu'il fait ; et s'il m'épouse, il m'aime.
Mais qu'Oreste à son gré m'impute ses douleurs :
N'avons-nous d'entretien que celui de ses pleurs ?
Pyrrhus revient à nous. Hé bien ! chère Cléone,
850 Conçois-tu les transports de l'heureuse Hermione ?
Sais-tu quel est Pyrrhus ? T'es-tu fait raconter
Le nombre des exploits... Mais qui les peut compter ?
Intrépide, et partout suivi de la victoire,
Charmant, fidèle enfin, rien ne manque à sa gloire.
855 Songe...

CLÉONE

Dissimulez. Votre rivale en pleurs
Vient à vos pieds, sans doute, apporter ses douleurs.

HERMIONE

Dieux ! ne puis-je à ma joie abandonner mon âme ?
Sortons : que lui dirais-je ?

Scène 4

Andromaque, Hermione, Cléone, Céphise

ANDROMAQUE

Où fuyez-vous, Madame ?
N'est-ce point à vos yeux un spectacle assez doux
860 Que la veuve d'Hector pleurante à vos genoux ?
Je ne viens point ici, par de jalouses larmes,

Vous envier un cœur qui se rend à vos charmes.
Par une main cruelle, hélas ! j'ai vu percer
Le seul où mes regards prétendaient s'adresser.
865 Ma flamme par Hector fut jadis allumée ;
Avec lui dans la tombe elle s'est enfermée.
Mais il me reste un fils. Vous saurez quelque jour,
Madame, pour un fils jusqu'où va notre amour ;
Mais vous ne saurez pas, du moins je le souhaite,
870 En quel trouble mortel son intérêt nous jette,
Lorsque de tant de biens qui pouvaient nous flatter,
C'est le seul qui nous reste, et qu'on veut nous l'ôter.
Hélas ! lorsque lassés de dix ans de misère,
Les Troyens en courroux menaçaient votre mère,
875 J'ai su de mon Hector lui procurer l'appui.
Vous pouvez sur Pyrrhus ce que j'ai pu sur lui.
Que craint-on d'un enfant qui survit à sa perte ?
Laissez-moi le cacher en quelque île déserte.
Sur les soins de sa mère on peut s'en assurer,
880 Et mon fils avec moi n'apprendra qu'à pleurer.

HERMIONE

Je conçois vos douleurs. Mais un devoir austère,
Quand mon père a parlé, m'ordonne de me taire.
C'est lui qui de Pyrrhus fait agir le courroux.
S'il faut fléchir Pyrrhus, qui le peut mieux que vous ?
885 Vos yeux assez longtemps ont régné sur son âme.
Faites-le prononcer : j'y souscrirai, Madame.

Scène 5

Andromaque, Céphise

ANDROMAQUE

Quel mépris la cruelle attache à ses refus !

CÉPHISE

Je croirais ses conseils, et je verrais Pyrrhus.
Un regard confondrait Hermione et la Grèce...
890 Mais lui-même il vous cherche.

Scène 6

Pyrrhus, Andromaque, Phœnix, Céphise

PYRRHUS, *à Phœnix.*
Où donc est la Princesse ?
Ne m'avais-tu pas dit qu'elle était en ces lieux ?

PHŒNIX
Je le croyais.

ANDROMAQUE, *à Céphise.*
Tu vois le pouvoir de mes yeux.

PYRRHUS
Que dit-elle, Phœnix ?

ANDROMAQUE
Hélas ! tout m'abandonne.

PHŒNIX
Allons, Seigneur, marchons sur les pas d'Hermione.

CÉPHISE
895 Qu'attendez-vous ? rompez ce silence obstiné.

ANDROMAQUE
Il a promis mon fils.

CÉPHISE
Il ne l'a pas donné.

ANDROMAQUE
Non, non, j'ai beau pleurer, sa mort est résolue.

PYRRHUS
Daigne-t-elle sur nous tourner au moins la vue ?
Quel orgueil !

ANDROMAQUE
Je ne fais que l'irriter encor.
900 Sortons.

PYRRHUS
Allons aux Grecs livrer le fils d'Hector.

ANDROMAQUE
Ah ! Seigneur, arrêtez ! Que prétendez-vous faire ?
Si vous livrez le fils, livrez-leur donc la mère.
Vos serments m'ont tantôt juré tant d'amitié !
Dieux ! ne pourrai-je au moins toucher votre pitié ?
905 Sans espoir de pardon m'avez-vous condamnée ?

PYRRHUS
Phœnix vous le dira, ma parole est donnée.

ANDROMAQUE
Vous qui braviez pour moi tant de périls divers !

PYRRHUS
J'étais aveugle alors : mes yeux se sont ouverts.
Sa grâce à vos désirs pouvait être accordée ;
910 Mais vous ne l'avez pas seulement demandée.
C'en est fait.

ANDROMAQUE
Ah ! Seigneur, vous entendiez assez
Des soupirs qui craignaient de se voir repoussés.
Pardonnez à l'éclat d'une illustre fortune
Ce reste de fierté qui craint d'être importune.
915 Vous ne l'ignorez pas : Andromaque sans vous
N'aurait jamais d'un maître embrassé les genoux.

PYRRHUS
Non, vous me haïssez ; et dans le fond de l'âme
Vous craignez de devoir quelque chose à ma flamme.
Ce fils même, ce fils, l'objet de tant de soins,
920 Si je l'avais sauvé, vous l'en aimeriez moins.
La haine, le mépris, contre moi tout s'assemble ;
Vous me haïssez plus que tous les Grecs ensemble.
Jouissez à loisir d'un si noble courroux.
Allons, Phœnix.

ANDROMAQUE
Allons rejoindre mon époux.

CÉPHISE
925 Madame…

ANDROMAQUE
Et que veux-tu que je lui dise encore ?
Auteur de tous mes maux, crois-tu qu'il les ignore ?
Seigneur, voyez l'état où vous me réduisez.
J'ai vu mon père mort, et nos murs embrasés ;
J'ai vu trancher les jours de ma famille entière,
930 Et mon époux sanglant traîné sur la poussière,
Son fils, seul avec moi, réservé pour les fers.
Mais que ne peut un fils ? Je respire, je sers.
J'ai fait plus : je me suis quelquefois consolée
Qu'ici, plutôt qu'ailleurs, le sort m'eût exilée ;
935 Qu'heureux dans son malheur, le fils de tant de rois,
Puisqu'il devait servir, fût tombé sous vos lois.
J'ai cru que sa prison deviendrait son asile.
Jadis Priam soumis fut respecté d'Achille :
J'attendais de son fils encor plus de bonté.
940 Pardonne, cher Hector, à ma crédulité.
Je n'ai pu soupçonner ton ennemi d'un crime ;
Malgré lui-même enfin je l'ai cru magnanime.
Ah ! s'il l'était assez pour nous laisser du moins
Au tombeau qu'à ta cendre ont élevé mes soins,
945 Et que finissant là sa haine et nos misères,
Il ne séparât point des dépouilles si chères !

PYRRHUS
Va m'attendre, Phœnix.

Scène 7

Pyrrhus, Andromaque, Céphise

PYRRHUS *continue.*
Madame, demeurez.
On peut vous rendre encor ce fils que vous pleurez.
Oui, je sens à regret qu'en excitant vos larmes
950 Je ne fais contre moi que vous donner des armes.
Je croyais apporter plus de haine en ces lieux.
Mais, Madame, du moins tournez vers moi les yeux :
Voyez si mes regards sont d'un juge sévère,

S'ils sont d'un ennemi qui cherche à vous déplaire.
955 Pourquoi me forcez-vous vous-même à vous trahir ?
Au nom de votre fils, cessons de nous haïr.
À le sauver enfin c'est moi qui vous convie.
Faut-il que mes soupirs vous demandent sa vie ?
Faut-il qu'en sa faveur j'embrasse vos genoux ?
960 Pour la dernière fois, sauvez-le, sauvez-nous.
Je sais de quels serments je romps pour vous les chaînes,
Combien je vais sur moi faire éclater de haines.
Je renvoie Hermione, et je mets sur son front,
Au lieu de ma couronne, un éternel affront.
965 Je vous conduis au temple où son hymen s'apprête ;
Je vous ceins du bandeau préparé pour sa tête.
Mais ce n'est plus, Madame, une offre à dédaigner :
Je vous le dis, il faut ou périr ou régner.
Mon cœur, désespéré d'un an d'ingratitude,
970 Ne peut plus de son sort souffrir l'incertitude.
C'est craindre, menacer et gémir trop longtemps.
Je meurs si je vous perds, mais je meurs si j'attends.
Songez-y : je vous laisse ; et je viendrai vous prendre
Pour vous mener au temple, où ce fils doit m'attendre ;
975 Et là vous me verrez, soumis ou furieux,
Vous couronner, Madame, ou le perdre à vos yeux.

Scène 8

Andromaque, Céphise

CÉPHISE
Je vous l'avais prédit, qu'en dépit de la Grèce,
De votre sort encor vous seriez la maîtresse.

ANDROMAQUE
Hélas ! de quel effet tes discours sont suivis !
980 Il ne me restait plus qu'à condamner mon fils.

CÉPHISE
Madame, à votre époux c'est être assez fidèle :
Trop de vertu pourrait vous rendre criminelle.
Lui-même il porterait votre âme à la douceur.

ANDROMAQUE

Quoi ? je lui donnerais Pyrrhus pour successeur ?

CÉPHISE

Ainsi le veut son fils, que les Grecs vous ravissent.
985 Pensez-vous qu'après tout ses mânes en rougissent ;
Qu'il méprisât, Madame, un roi victorieux
Qui vous fait remonter au rang de vos aïeux,
Qui foule aux pieds pour vous vos vainqueurs en colère,
990 Qui ne se souvient plus qu'Achille était son père,
Qui dément ses exploits et les rend superflus ?

ANDROMAQUE

Dois-je les oublier, s'il ne s'en souvient plus ?
Dois-je oublier Hector privé de funérailles,
Et traîné sans honneur autour de nos murailles ?
995 Dois-je oublier son père à mes pieds renversé,
Ensanglantant l'autel qu'il tenait embrassé ?
Songe, songe, Céphise, à cette nuit cruelle
Qui fut pour tout un peuple une nuit éternelle.
Figure-toi Pyrrhus, les yeux étincelants,
1000 Entrant à la lueur de nos palais brûlants,
Sur tous mes frères morts se faisant un passage,
Et de sang tout couvert échauffant le carnage.
Songe aux cris des vainqueurs, songe aux cris des mourants,
Dans la flamme étouffés, sous le fer expirants.
1005 Peins-toi dans ces horreurs Andromaque éperdue :
Voilà comme Pyrrhus vint s'offrir à ma vue ;
Voilà par quels exploits il sut se couronner ;
Enfin voilà l'époux que tu me veux donner.
Non, je ne serai point complice de ses crimes ;
1010 Qu'il nous prenne, s'il veut, pour dernières victimes.
Tous mes ressentiments lui seraient asservis.

CÉPHISE

Hé bien ! allons donc voir expirer votre fils :
On n'attend plus que vous. Vous frémissez, Madame ?

ANDROMAQUE

Ah ! de quel souvenir viens-tu frapper mon âme !
1015 Quoi ? Céphise, j'irai voir expirer encor

Ce fils, ma seule joie, et l'image d'Hector ?
Ce fils, que de sa flamme il me laissa pour gage ?
Hélas ! je m'en souviens, le jour que son courage
Lui fit chercher Achille, ou plutôt le trépas,
1020 Il demanda son fils, et le prit dans ses bras :
« Chère épouse, dit-il en essuyant mes larmes,
J'ignore quel succès le sort garde à mes armes ;
Je te laisse mon fils pour gage de ma foi :
S'il me perd, je prétends qu'il me retrouve en toi.
1025 Si d'un heureux hymen la mémoire t'est chère,
Montre au fils à quel point tu chérissais le père. »
Et je puis voir répandre un sang si précieux ?
Et je laisse avec lui périr tous ses aïeux ?
Roi barbare, faut-il que mon crime l'entraîne ?
1030 Si je te hais, est-il coupable de ma haine ?
T'a-t-il de tous les siens reproché le trépas ?
S'est-il plaint à tes yeux des maux qu'il ne sent pas ?
Mais cependant, mon fils, tu meurs, si je n'arrête
Le fer que le cruel tient levé sur ta tête.
1035 Je l'en puis détourner, et je t'y vais offrir ?
Non, tu ne mourras point : je ne le puis souffrir.
Allons trouver Pyrrhus. Mais non, chère Céphise,
Va le trouver pour moi.

CÉPHISE
Que faut-il que je dise ?

ANDROMAQUE
Dis-lui que de mon fils l'amour est assez fort...
1040 Crois-tu que dans son cœur il ait juré sa mort ?
L'amour peut-il si loin pousser sa barbarie ?

CÉPHISE
Madame, il va bientôt revenir en furie.

ANDROMAQUE
Hé bien ! va l'assurer...

CÉPHISE
De quoi ? de votre foi ?

ANDROMAQUE
Hélas ! pour la promettre est-elle encore à moi ?
1045 Ô cendres d'un époux ! ô Troyens ! ô mon père !
Ô mon fils, que tes jours coûtent cher à ta mère !
Allons.

CÉPHISE
Où donc, Madame ? et que résolvez-vous ?

ANDROMAQUE
Allons sur son tombeau consulter mon époux.

ACTE IV

Scène première

Andromaque, Céphise

CÉPHISE

Ah ! je n'en doute point : c'est votre époux, Madame,
1050 C'est Hector qui produit ce miracle en votre âme.
Il veut que Troie encor se puisse relever
Avec cet heureux fils qu'il vous fait conserver.
Pyrrhus vous l'a promis. Vous venez de l'entendre,
Madame : il n'attendait qu'un mot pour vous le rendre.
1055 Croyez-en ses transports : père, sceptre, alliés,
Content de votre cœur, il met tout à vos pieds.
Sur lui, sur tout son peuple il vous rend souveraine.
Est-ce là ce vainqueur digne de tant de haine ?
Déjà contre les Grecs plein d'un noble courroux,
1060 Le soin de votre fils le touche autant que vous :
Il prévient leur fureur, il lui laisse sa garde ;
Pour ne pas l'exposer, lui-même il se hasarde.
Mais tout s'apprête au temple, et vous avez promis.

ANDROMAQUE

Oui, je m'y trouverai. Mais allons voir mon fils.

CÉPHISE

1065 Madame, qui vous presse ? Il suffit que sa vue
Désormais à vos yeux ne soit plus défendue.
Vous lui pourrez bientôt prodiguer vos bontés,
Et vos embrassements ne seront plus comptés.
Quel plaisir d'élever un enfant qu'on voit croître,
1070 Non plus comme un esclave élevé pour son maître,
Mais pour voir avec lui renaître tant de rois !

Andromaque
Céphise, allons le voir pour la dernière fois.

Céphise
Que dites-vous ? ô Dieux !

Andromaque
                Ô ma chère Céphise,
Ce n'est point avec toi que mon cœur se déguise.
1075 Ta foi, dans mon malheur, s'est montrée à mes yeux ;
Mais j'ai cru qu'à mon tour tu me connaissais mieux.
Quoi donc ? as-tu pensé qu'Andromaque infidèle
Pût trahir un époux qui croit revivre en elle ;
Et que de tant de morts réveillant la douleur,
1080 Le soin de mon repos me fît troubler le leur ?
Est-ce là cette ardeur tant promise à sa cendre ?
Mais son fils périssait : il l'a fallu défendre.
Pyrrhus en m'épousant s'en déclare l'appui ;
Il suffit : je veux bien m'en reposer sur lui.
1085 Je sais quel est Pyrrhus. Violent, mais sincère,
Céphise, il fera plus qu'il n'a promis de faire.
Sur le courroux des Grecs je m'en repose encor :
Leur haine va donner un père au fils d'Hector.
Je vais donc, puisqu'il faut que je me sacrifie,
1090 Assurer à Pyrrhus le reste de ma vie ;
Je vais, en recevant sa foi sur les autels,
L'engager à mon fils par des nœuds immortels.
Mais aussitôt ma main, à moi seule funeste,
D'une infidèle vie abrégera le reste,
1095 Et sauvant ma vertu, rendra ce que je dois
À Pyrrhus, à mon fils, à mon époux, à moi.
Voilà de mon amour l'innocent stratagème ;
Voilà ce qu'un époux m'a commandé lui-même.
J'irai seule rejoindre Hector et mes aïeux.
1100 Céphise, c'est à toi de me fermer les yeux.

Céphise
Ah ! ne prétendez pas que je puisse survivre…

ANDROMAQUE

Non, non, je te défends, Céphise, de me suivre.
Je confie à tes soins mon unique trésor :
Si tu vivais pour moi, vis pour le fils d'Hector.
1105 De l'espoir des Troyens seule dépositaire,
Songe à combien de rois tu deviens nécessaire.
Veille auprès de Pyrrhus ; fais-lui garder sa foi ;
S'il le faut, je consens qu'on lui parle de moi.
Fais-lui valoir l'hymen où je me suis rangée ;
1110 Dis-lui qu'avant ma mort je lui fus engagée,
Que ses ressentiments doivent être effacés,
Qu'en lui laissant mon fils, c'est l'estimer assez.
Fais connaître à mon fils les héros de sa race ;
Autant que tu pourras, conduis-le sur leur trace.
1115 Dis-lui par quels exploits leurs noms ont éclaté,
Plutôt ce qu'ils ont fait que ce qu'ils ont été ;
Parle-lui tous les jours des vertus de son père,
Et quelquefois aussi parle-lui de sa mère.
Mais qu'il ne songe plus, Céphise, à nous venger :
1120 Nous lui laissons un maître, il le doit ménager.
Qu'il ait de ses aïeux un souvenir modeste :
Il est du sang d'Hector, mais il en est le reste ;
Et pour ce reste enfin j'ai moi-même en un jour
Sacrifié mon sang, ma haine et mon amour.

CÉPHISE

1125 Hélas !

ANDROMAQUE

Ne me suis point, si ton cœur en alarmes
Prévoit qu'il ne pourra commander à tes larmes.
On vient. Cache tes pleurs, Céphise, et souviens-toi
Que le sort d'Andromaque est commis à ta foi.
C'est Hermione. Allons, fuyons sa violence.

Scène 2

Hermione, Cléone

CLÉONE

1130 Non, je ne puis assez admirer ce silence.
Vous vous taisez, Madame, et ce cruel mépris
N'a pas du moindre trouble agité vos esprits ?
Vous soutenez en paix une si rude attaque,
Vous qu'on voyait frémir au seul nom d'Andromaque ?
1135 Vous qui sans désespoir ne pouviez endurer
Que Pyrrhus d'un regard la voulût honorer ?
Il l'épouse : il lui donne, avec son diadème,
La foi que vous venez de recevoir vous-même,
Et votre bouche encor, muette à tant d'ennui,
1140 N'a pas daigné s'ouvrir pour se plaindre de lui ?
Ah ! que je crains, Madame, un calme si funeste !
Et qu'il vaudrait bien mieux...

HERMIONE
                Fais-tu venir Oreste ?

CLÉONE
Il vient, Madame, il vient ; et vous pouvez juger
Que bientôt à vos pieds il allait se ranger.
1145 Prêt à servir toujours sans espoir de salaire,
Vos yeux ne sont que trop assurés de lui plaire.
Mais il entre.

Scène 3

Oreste, Hermione, Cléone

ORESTE
        Ah ! Madame, est-il vrai qu'une fois
Oreste en vous cherchant obéisse à vos lois ?
Ne m'a-t-on point flatté d'une fausse espérance ?
1150 Avez-vous en effet souhaité ma présence ?
Croirai-je que vos yeux, à la fin désarmés,
Veulent...

Hermione
Je veux savoir, Seigneur, si vous m'aimez.

Oreste
Si je vous aime ? Ô Dieux ! mes serments, mes parjures,
Ma fuite, mon retour, mes respects, mes injures,
1155 Mon désespoir, mes yeux de pleurs toujours noyés,
Quels témoins croirez-vous, si vous ne les croyez ?

Hermione
Vengez-moi, je crois tout.

Oreste
Hé bien ! allons, Madame :
Mettons encore un coup toute la Grèce en flamme ;
Prenons, en signalant mon bras et votre nom,
1160 Vous, la place d'Hélène, et moi, d'Agamemnon.
De Troie en ce pays réveillons les misères,
Et qu'on parle de nous ainsi que de nos pères.
Partons, je suis tout prêt.

Hermione
Non, Seigneur, demeurons :
Je ne veux pas si loin porter de tels affronts.
1165 Quoi ! de mes ennemis couronnant l'insolence,
J'irais attendre ailleurs une lente vengeance,
Et je m'en remettrais au destin des combats,
Qui peut-être à la fin ne me vengerait pas ?
Je veux qu'à mon départ toute l'Épire pleure.
1170 Mais si vous me vengez, vengez-moi dans une heure.
Tous vos retardements sont pour moi des refus.
Courez au temple. Il faut immoler...

Oreste
Qui ?

Hermione
Pyrrhus.

Oreste
Pyrrhus, Madame ?

HERMIONE

Hé quoi ! votre haine chancelle ?
Ah ! courez, et craignez que je ne vous rappelle.
1175 N'alléguez point des droits que je veux oublier ;
Et ce n'est pas à vous à le justifier.

ORESTE

Moi, je l'excuserais ? Ah ! vos bontés, Madame,
Ont gravé trop avant ses crimes dans mon âme.
Vengeons-nous, j'y consens, mais par d'autres chemins.
1180 Soyons ses ennemis, et non ses assassins :
Faisons de sa ruine une juste conquête.
Quoi ! pour réponse, aux Grecs porterai-je sa tête ?
Et n'ai-je pris sur moi le soin de tout l'État
Que pour m'en acquitter par un assassinat ?
1185 Souffrez, au nom des Dieux, que la Grèce s'explique,
Et qu'il meure chargé de la haine publique.
Souvenez-vous qu'il règne, et qu'un front couronné...

HERMIONE

Ne vous suffit-il pas que je l'ai condamné ?
Ne vous suffit-il pas que ma gloire offensée
1190 Demande une victime à moi seule adressée ;
Qu'Hermione est le prix d'un tyran opprimé ;
Que je le hais ; enfin, Seigneur, que je l'aimé ?
Je ne m'en cache point : l'ingrat m'avait su plaire,
Soit qu'ainsi l'ordonnât mon amour ou mon père,
1195 N'importe ; mais enfin réglez-vous là-dessus.
Malgré mes vœux, Seigneur, honteusement déçus,
Malgré la juste horreur que son crime me donne,
Tant qu'il vivra, craignez que je ne lui pardonne.
Doutez jusqu'à sa mort d'un courroux incertain :
1200 S'il ne meurt aujourd'hui, je puis l'aimer demain.

ORESTE

Hé bien ! il faut le perdre, et prévenir sa grâce ;
Il faut... Mais cependant que faut-il que je fasse ?
Comment puis-je sitôt servir votre courroux ?
Quel chemin jusqu'à lui peut conduire mes coups ?
1205 À peine suis-je encore arrivé dans l'Épire,

Vous voulez par mes mains renverser un empire ;
Vous voulez qu'un roi meure, et pour son châtiment
Vous ne donnez qu'un jour, qu'une heure, qu'un moment.
Aux yeux de tout son peuple il faut que je l'opprime !
1210 Laissez-moi vers l'autel conduire ma victime,
Je ne m'en défends plus ; et je ne veux qu'aller
Reconnaître la place où je dois l'immoler.
Cette nuit je vous sers, cette nuit je l'attaque.

HERMIONE

Mais cependant ce jour il épouse Andromaque.
1215 Dans le temple déjà le trône est élevé ;
Ma honte est confirmée, et son crime achevé.
Enfin qu'attendez-vous ? Il vous offre sa tête :
Sans gardes, sans défense, il marche à cette fête ;
Autour du fils d'Hector il les fait tous ranger ;
1220 Il s'abandonne au bras qui me voudra venger.
Voulez-vous malgré lui prendre soin de sa vie ?
Armez, avec vos Grecs, tous ceux qui m'ont suivie ;
Soulevez vos amis : tous les miens sont à vous.
Il me trahit, vous trompe, et nous méprise tous.
1225 Mais quoi ? déjà leur haine est égale à la mienne :
Elle épargne à regret l'époux d'une Troyenne.
Parlez : mon ennemi ne vous peut échapper,
Ou plutôt il ne faut que les laisser frapper.
Conduisez ou suivez une fureur si belle ;
1230 Revenez tout couvert du sang de l'infidèle ;
Allez : en cet état soyez sûr de mon cœur.

ORESTE

Mais, Madame, songez...

HERMIONE

                Ah ! c'en est trop, Seigneur.
Tant de raisonnements offensent ma colère.
J'ai voulu vous donner les moyens de me plaire,
1235 Rendre Oreste content ; mais enfin je vois bien
Qu'il veut toujours se plaindre, et ne mériter rien.
Partez : allez ailleurs vanter votre constance,
Et me laissez ici le soin de ma vengeance.

De mes lâches bontés mon courage est confus,
1240 Et c'est trop en un jour essuyer de refus.
Je m'en vais seule au temple, où leur hymen s'apprête,
Où vous n'osez aller mériter ma conquête.
Là, de mon ennemi je saurai m'approcher :
Je percerai le cœur que je n'ai pu toucher ;
1245 Et mes sanglantes mains, sur moi-même tournées,
Aussitôt, malgré lui, joindront nos destinées ;
Et tout ingrat qu'il est, il me sera plus doux
De mourir avec lui que de vivre avec vous.

Oreste

Non, je vous priverai de ce plaisir funeste,
1250 Madame : il ne mourra que de la main d'Oreste.
Vos ennemis par moi vont vous être immolés,
Et vous reconnaîtrez mes soins, si vous voulez.

Hermione

Allez. De votre sort laissez-moi la conduite,
Et que tous vos vaisseaux soient prêts pour notre fuite.

Scène 4

Hermione, Cléone

Cléone

1255 Vous vous perdez, Madame ; et vous devez songer…

Hermione

Que je me perde ou non, je songe à me venger.
Je ne sais même encor, quoi qu'il m'ait pu promettre,
Sur d'autres que sur moi si je dois m'en remettre.
Pyrrhus n'est pas coupable à ses yeux comme aux miens,
1260 Et je tiendrais mes coups bien plus sûrs que les siens.
Quel plaisir de venger moi-même mon injure,
De retirer mon bras teint du sang du parjure,
Et pour rendre sa peine et mes plaisirs plus grands,
De cacher ma rivale à ses regards mourants !
1265 Ah ! si du moins Oreste, en punissant son crime,
Lui laissait le regret de mourir ma victime !

Va le trouver : dis-lui qu'il apprenne à l'ingrat
Qu'on l'immole à ma haine, et non pas à l'État.
Chère Cléone, cours. Ma vengeance est perdue
1270 S'il ignore en mourant que c'est moi qui le tue.

CLÉONE
Je vous obéirai. Mais qu'est-ce que je vois ?
Ô Dieux ! Qui l'aurait cru, Madame ? c'est le Roi !

HERMIONE
Ah ! cours après Oreste ; et dis-lui, ma Cléone,
Qu'il n'entreprenne rien sans revoir Hermione.

Scène 5

Pyrrhus, Hermione, Phœnix

PYRRHUS
1275 Vous ne m'attendiez pas, Madame ; et je vois bien
Que mon abord ici trouble votre entretien.
Je ne viens point, armé d'un indigne artifice,
D'un voile d'équité couvrir mon injustice :
Il suffit que mon cœur me condamne tout bas ;
1280 Et je soutiendrais mal ce que je ne crois pas.
J'épouse une Troyenne. Oui, Madame, et j'avoue
Que je vous ai promis la foi que je lui voue.
Un autre vous dirait que dans les champs troyens
Nos deux pères sans nous formèrent ces liens,
1285 Et que sans consulter ni mon choix ni le vôtre,
Nous fûmes sans amour engagés l'un à l'autre ;
Mais c'est assez pour moi que je me sois soumis.
Par mes ambassadeurs mon cœur vous fut promis ;
Loin de les révoquer, je voulus y souscrire.
1290 Je vous vis avec eux arriver en Épire ;
Et quoique d'un autre œil l'éclat victorieux
Eût déjà prévenu le pouvoir de vos yeux,
Je ne m'arrêtai point à cette ardeur nouvelle :
Je voulus m'obstiner à vous être fidèle,
1295 Je vous reçus en reine ; et jusques à ce jour
J'ai cru que mes serments me tiendraient lieu d'amour.

Mais cet amour l'emporte, et par un coup funeste
Andromaque m'arrache un cœur qu'elle déteste.
L'un par l'autre entraînés, nous courons à l'autel
1300 Nous jurer, malgré nous, un amour immortel.
Après cela, Madame, éclatez contre un traître,
Qui l'est avec douleur, et qui pourtant veut l'être.
Pour moi, loin de contraindre un si juste courroux,
Il me soulagera peut-être autant que vous.
1305 Donnez-moi tous les noms destinés aux parjures :
Je crains votre silence, et non pas vos injures ;
Et mon cœur, soulevant mille secrets témoins,
M'en dira d'autant plus que vous m'en direz moins.

HERMIONE

Seigneur, dans cet aveu dépouillé d'artifice,
1310 J'aime à voir que du moins vous vous rendiez justice,
Et que voulant bien rompre un nœud si solennel,
Vous vous abandonniez au crime en criminel.
Est-il juste, après tout, qu'un conquérant s'abaisse
Sous la servile loi de garder sa promesse ?
1315 Non, non, la perfidie a de quoi vous tenter ;
Et vous ne me cherchez que pour vous en vanter.
Quoi ? sans que ni serment ni devoir vous retienne,
Rechercher une Grecque, amant d'une Troyenne ?
Me quitter, me reprendre, et retourner encor
1320 De la fille d'Hélène à la veuve d'Hector ?
Couronner tour à tour l'esclave et la princesse ;
Immoler Troie aux Grecs, au fils d'Hector la Grèce ?
Tout cela part d'un cœur toujours maître de soi,
D'un héros qui n'est point esclave de sa foi.
1325 Pour plaire à votre épouse, il vous faudrait peut-être
Prodiguer les doux noms de parjure et de traître.
Vous veniez de mon front observer la pâleur,
Pour aller dans ses bras rire de ma douleur.
Pleurante après son char vous voulez qu'on me voie ;
1330 Mais, Seigneur, en un jour ce serait trop de joie ;
Et sans chercher ailleurs des titres empruntés,
Ne vous suffit-il pas de ceux que vous portez ?
Du vieux père d'Hector la valeur abattue

                Aux pieds de sa famille expirante à sa vue,
1335   Tandis que dans son sein votre bras enfoncé
                Cherche un reste de sang que l'âge avait glacé ;
                Dans des ruisseaux de sang Troie ardente plongée ;
                De votre propre main Polyxène égorgée
                Aux yeux de tous les Grecs indignés contre vous :
1340   Que peut-on refuser à ces généreux coups ?

                            PYRRHUS
                Madame, je sais trop à quels excès de rage
                La vengeance d'Hélène emporta mon courage.
                Je puis me plaindre à vous du sang que j'ai versé ;
                Mais enfin je consens d'oublier le passé.
1345   Je rends grâces au ciel que votre indifférence
                De mes heureux soupirs m'apprenne l'innocence.
                Mon cœur, je le vois bien, trop prompt à se gêner,
                Devait mieux vous connaître et mieux s'examiner.
                Mes remords vous faisaient une injure mortelle ;
1350   Il faut se croire aimé pour se croire infidèle.
                Vous ne prétendiez point m'arrêter dans vos fers :
                J'ai craint de vous trahir, peut-être je vous sers.
                Nos cœurs n'étaient point faits dépendants l'un de l'autre ;
                Je suivais mon devoir, et vous cédiez au vôtre.
1355   Rien ne vous engageait à m'aimer en effet.

                            HERMIONE
                Je ne t'ai point aimé, cruel ? Qu'ai-je donc fait ?
                J'ai dédaigné pour toi les vœux de tous nos princes,
                Je t'ai cherché moi-même au fond de tes provinces ;
                J'y suis encor, malgré tes infidélités,
1360   Et malgré tous mes Grecs honteux de mes bontés.
                Je leur ai commandé de cacher mon injure ;
                J'attendais en secret le retour d'un parjure ;
                J'ai cru que tôt ou tard, à ton devoir rendu,
                Tu me rapporterais un cœur qui m'était dû.
1365   Je t'aimais inconstant, qu'aurais-je fait fidèle ?
                Et même en ce moment où ta bouche cruelle
                Vient si tranquillement m'annoncer le trépas,
                Ingrat, je doute encor si je ne t'aime pas.
                Mais, Seigneur, s'il le faut, si le ciel en colère

1370 Réserve à d'autres yeux la gloire de vous plaire,
Achevez votre hymen, j'y consens. Mais du moins
Ne forcez pas mes yeux d'en être les témoins.
Pour la dernière fois je vous parle peut-être :
Différez-le d'un jour ; demain vous serez maître.
1375 Vous ne répondez point ? Perfide, je le voi,
Tu comptes les moments que tu perds avec moi !
Ton cœur, impatient de revoir ta Troyenne,
Ne souffre qu'à regret qu'un autre t'entretienne.
Tu lui parles du cœur, tu la cherches des yeux.
1380 Je ne te retiens plus, sauve-toi de ces lieux :
Va lui jurer la foi que tu m'avais jurée,
Va profaner des Dieux la majesté sacrée.
Ces Dieux, ces justes Dieux n'auront pas oublié
Que les mêmes serments avec moi t'ont lié.
1385 Porte aux pieds des autels ce cœur qui m'abandonne ;
Va, cours. Mais crains encor d'y trouver Hermione.

Scène 6

Pyrrhus, Phœnix

PHŒNIX
Seigneur, vous entendez. Gardez de négliger
Une amante en fureur qui cherche à se venger.
Elle n'est en ces lieux que trop bien appuyée :
1390 La querelle des Grecs à la sienne est liée ;
Oreste l'aime encore ; et peut-être à ce prix…

PYRRHUS
Andromaque m'attend. Phœnix, garde son fils.

ACTE V

Scène première

HERMIONE, *seule*.

Où suis-je ? Qu'ai-je fait ? Que dois-je faire encore ?
Quel transport me saisit ? Quel chagrin me dévore ?
1395 Errante, et sans dessein, je cours dans ce palais.
Ah ! ne puis-je savoir si j'aime, ou si je hais ?
Le cruel ! de quel œil il m'a congédiée !
Sans pitié, sans douleur, au moins étudiée.
L'ai-je vu se troubler et me plaindre un moment ?
1400 En ai-je pu tirer un seul gémissement ?
Muet à mes soupirs, tranquille à mes alarmes,
Semblait-il seulement qu'il eût part à mes larmes ?
Et je le plains encore ? Et pour comble d'ennui,
Mon cœur, mon lâche cœur s'intéresse pour lui ?
1405 Je tremble au seul penser du coup qui le menace ?
Et prête à me venger, je lui fais déjà grâce ?
Non, ne révoquons point l'arrêt de mon courroux :
Qu'il périsse ! Aussi bien il ne vit plus pour nous.
Le perfide triomphe, et se rit de ma rage :
1410 Il pense voir en pleurs dissiper cet orage ;
Il croit que toujours faible et d'un cœur incertain,
Je parerai d'un bras les coups de l'autre main.
Il juge encor de moi par mes bontés passées.
Mais plutôt le perfide a bien d'autres pensées.
1415 Triomphant dans le temple, il ne s'informe pas
Si l'on souhaite ailleurs sa vie ou son trépas.
Il me laisse, l'ingrat ! cet embarras funeste.
Non, non encore un coup : laissons agir Oreste.
Qu'il meure, puisqu'enfin il a dû le prévoir,
1420 Et puisqu'il m'a forcée enfin à le vouloir.

À le vouloir ? Hé quoi ? C'est donc moi qui l'ordonne ?
Sa mort sera l'effet de l'amour d'Hermione ?
Ce prince, dont mon cœur se faisait autrefois
Avec tant de plaisir redire les exploits,
1425 À qui même en secret je m'étais destinée
Avant qu'on eût conclu ce fatal hyménée,
Je n'ai donc traversé tant de mers, tant d'États,
Que pour venir si loin préparer son trépas ?
L'assassiner, le perdre ? Ah ! devant qu'il expire...

Scène 2

Hermione, Cléone

Hermione

1430 Ah ! qu'ai-je fait, Cléone ? et que viens-tu me dire ?
Que fait Pyrrhus ?

Cléone

Il est au comble de ses vœux,
Le plus fier des mortels, et le plus amoureux.
Je l'ai vu vers le temple, où son hymen s'apprête,
Mener en conquérant sa nouvelle conquête ;
1435 Et d'un œil où brillaient sa joie et son espoir
S'enivrer en marchant du plaisir de la voir.
Andromaque, au travers de mille cris de joie,
Porte jusqu'aux autels le souvenir de Troie :
Incapable toujours d'aimer et de haïr,
1440 Sans joie et sans murmure elle semble obéir.

Hermione

Et l'ingrat ? Jusqu'au bout il a poussé l'outrage ?
Mais as-tu bien, Cléone, observé son visage ?
Goûte-t-il des plaisirs tranquilles et parfaits ?
N'a-t-il point détourné ses yeux vers le palais ?
1445 Dis-moi, ne t'es-tu point présentée à sa vue ?
L'ingrat a-t-il rougi lorsqu'il t'a reconnue ?
Son trouble avouait-il son infidélité ?
A-t-il jusqu'à la fin soutenu sa fierté ?

CLÉONE

Madame, il ne voit rien. Son salut et sa gloire
1450 Semblent être avec vous sortis de sa mémoire.
Sans songer qui le suit, ennemis ou sujets,
Il poursuit seulement ses amoureux projets.
Autour du fils d'Hector il a rangé sa garde,
Et croit que c'est lui seul que le péril regarde.
1455 Phœnix même en répond, qui l'a conduit exprès
Dans un fort éloigné du temple et du palais.
Voilà, dans ses transports, le seul soin qui lui reste.

HERMIONE

Le perfide ! Il mourra. Mais que t'a dit Oreste ?

CLÉONE

Oreste avec ses Grecs dans le temple est entré.

HERMIONE

1460 Hé bien ! à me venger n'est-il pas préparé ?

CLÉONE

Je ne sais.

HERMIONE

     Tu ne sais ? Quoi donc ? Oreste encore,
Oreste me trahit ?

CLÉONE

     Oreste vous adore.
Mais de mille remords son esprit combattu
Croit tantôt son amour et tantôt sa vertu.
1465 Il respecte en Pyrrhus l'honneur du diadème ;
Il respecte en Pyrrhus Achille, et Pyrrhus même ;
Il craint la Grèce, il craint l'univers en courroux,
Mais il se craint, dit-il, soi-même plus que tous.
Il voudrait en vainqueur vous apporter sa tête :
1470 Le seul nom d'assassin l'épouvante et l'arrête.
Enfin il est entré, sans savoir dans son cœur
S'il en devait sortir coupable ou spectateur.

HERMIONE

Non, non, il les verra triompher sans obstacle :
Il se gardera bien de troubler ce spectacle.
1475 Je sais de quels remords son courage est atteint :
Le lâche craint la mort, et c'est tout ce qu'il craint.
Quoi ? sans qu'elle employât une seule prière,
Ma mère en sa faveur arma la Grèce entière ?
Ses yeux pour leur querelle, en dix ans de combats,
1480 Virent périr vingt rois qu'ils ne connaissaient pas ?
Et moi, je ne prétends que la mort d'un parjure,
Et je charge un amant du soin de mon injure ;
Il peut me conquérir à ce prix sans danger ;
Je me livre moi-même, et ne puis me venger ?
1485 Allons : c'est à moi seule à me rendre justice.
Que de cris de douleur le temple retentisse ;
De leur hymen fatal troublons l'événement,
Et qu'ils ne soient unis, s'il se peut, qu'un moment.
Je ne choisirai point dans ce désordre extrême :
1490 Tout me sera Pyrrhus, fût-ce Oreste lui-même.
Je mourrai ; mais au moins ma mort me vengera.
Je ne mourrai pas seule, et quelqu'un me suivra.

Scène 3

Oreste, Hermione, Cléone

ORESTE

Madame, c'en est fait, et vous êtes servie :
Pyrrhus rend à l'autel son infidèle vie.

HERMIONE

1495 Il est mort ?

ORESTE

Il expire ; et nos Grecs irrités
Ont lavé dans son sang ses infidélités.
Je vous l'avais promis ; et quoique mon courage
Se fît de ce complot une funeste image,
J'ai couru vers le temple, où nos Grecs dispersés
1500 Se sont jusqu'à l'autel dans la foule glissés.

Pyrrhus m'a reconnu. Mais sans changer de face,
Il semblait que ma vue excitât son audace,
Que tous les Grecs, bravés en leur ambassadeur,
Dussent de son hymen relever la splendeur.
1505 Enfin avec transport prenant son diadème,
Sur le front d'Andromaque il l'a posé lui-même.
Je vous donne, a-t-il dit, ma couronne et ma foi :
Andromaque, régnez sur l'Épire et sur moi.
Je voue à votre fils une amitié de père ;
1510 *J'en atteste les Dieux, je le jure à sa mère.*
Pour tous mes ennemis je déclare les siens,
Et je le reconnais pour le roi des Troyens.
À ces mots, qui du peuple attiraient le suffrage,
Nos Grecs n'ont répondu que par un cri de rage ;
1515 L'infidèle s'est vu partout envelopper,
Et je n'ai pu trouver de place pour frapper.
Chacun se disputait la gloire de l'abattre.
Je l'ai vu dans leurs mains quelque temps se débattre,
Tout sanglant à leurs coups vouloir se dérober ;
1520 Mais enfin à l'autel il est allé tomber.
Du peuple épouvanté j'ai traversé la presse
Pour venir de ces lieux enlever ma Princesse,
Et regagner le port, où bientôt nos amis
Viendront couverts du sang que je vous ai promis.

HERMIONE

1525 Qu'ont-ils fait !

ORESTE

Pardonnez à leur impatience :
Ils ont, je le vois bien, trahi votre vengeance.
Vous vouliez que ma main portât les premiers coups,
Qu'il sentît en mourant qu'il expirait pour vous ;
Mais c'est moi dont l'ardeur leur a servi d'exemple :
1530 Je les ai pour vous seule entraînés dans le temple,
Madame ; et vous pouvez justement vous flatter
D'une mort que leurs bras n'ont fait qu'exécuter.
Vous seule avez poussé les coups...

HERMIONE

Tais-toi, perfide,
Et n'impute qu'à toi ton lâche parricide.
1535 Va faire chez tes Grecs admirer ta fureur,
Va, je la désavoue, et tu me fais horreur.
Barbare, qu'as-tu fait ? Avec quelle furie
As-tu tranché le cours d'une si belle vie ?
Avez-vous pu, cruels, l'immoler aujourd'hui,
1540 Sans que tout votre sang se soulevât pour lui ?
Mais parle. De son sort qui t'a rendu l'arbitre ?
Pourquoi l'assassiner ? Qu'a-t-il fait ? À quel titre ?
Qui te l'a dit ?

ORESTE

Ô Dieux ! Quoi ? ne m'avez-vous pas
Vous-même, ici, tantôt, ordonné son trépas ?

HERMIONE

1545 Ah ! fallait-il en croire une amante insensée ?
Ne devais-tu pas lire au fond de ma pensée ?
Et ne voyais-tu pas, dans mes emportements,
Que mon cœur démentait ma bouche à tous moments ?
Quand je l'aurais voulu, fallait-il y souscrire ?
1550 N'as-tu pas dû cent fois te le faire redire ?
Toi-même avant le coup me venir consulter,
Y revenir encore, ou plutôt m'éviter ?
Que ne me laissais-tu le soin de ma vengeance ?
Qui t'amène en des lieux où l'on fuit ta présence ?
1555 Voilà de ton amour le détestable fruit :
Tu m'apportais, cruel, le malheur qui te suit.
C'est toi dont l'ambassade, à tous les deux fatale,
L'a fait pour son malheur pencher vers ma rivale.
Nous le verrions encor nous partager ses soins ;
1560 Il m'aimerait peut-être, il le feindrait du moins.
Adieu. Tu peux partir. Je demeure en Épire :
Je renonce à la Grèce, à Sparte, à son empire,
À toute ma famille ; et c'est assez pour moi,
Traître, qu'elle ait produit un monstre comme toi.

Scène 4

ORESTE, *seul*.

1565 Que vois-je ? Est-ce Hermione ? Et que viens-je d'entendre ?
Pour qui coule le sang que je viens de répandre ?
Je suis, si je l'en crois, un traître, un assassin.
Est-ce Pyrrhus qui meurt ? et suis-je Oreste enfin ?
Quoi ? j'étouffe en mon cœur la raison qui m'éclaire ;
1570 J'assassine à regret un roi que je révère ;
Je viole en un jour les droits des souverains,
Ceux des ambassadeurs, et tous ceux des humains,
Ceux même des autels où ma fureur l'assiège :
Je deviens parricide, assassin, sacrilège.
1575 Pour qui ? Pour une ingrate, à qui je le promets,
Qui même, s'il ne meurt, ne me verra jamais,
Dont j'épouse la rage. Et quand je l'ai servie,
Elle me redemande et son sang et sa vie !
Elle l'aime ! et je suis un monstre furieux !
1580 Je la vois pour jamais s'éloigner de mes yeux !
Et l'ingrate, en fuyant, me laisse pour salaire
Tous les noms odieux que j'ai pris pour lui plaire !

Scène dernière

Oreste, Pylade, soldats d'Oreste

PYLADE

Il faut partir, Seigneur. Sortons de ce palais,
Ou bien résolvons-nous de n'en sortir jamais.
1585 Nos Grecs pour un moment en défendent la porte.
Tout le peuple assemblé nous poursuit à main forte.
Aux ordres d'Andromaque ici tout est soumis ;
Ils la traitent en reine, et nous comme ennemis.
Andromaque, elle-même, à Pyrrhus si rebelle,
1590 Lui rend tous les devoirs d'une veuve fidèle,
Commande qu'on le venge, et peut-être sur nous
Veut venger Troie encore et son premier époux.
Allons. N'attendons pas que l'on nous environne :
Nos Grecs nous rejoindront ; et tandis qu'Hermione

1595 Tient encore le peuple autour d'elle arrêté,
Voilà notre chemin, sortons en sûreté.

ORESTE

Non, non, c'est Hermione, amis, que je veux suivre.
À son dernier arrêt je ne puis plus survivre.
Partez : j'ai fait le crime, et je vais l'expier.

PYLADE

1600 Hermione, Seigneur ? Il la faut oublier.
Quoi ! toujours l'instrument et l'objet de sa rage,
Cherchez-vous chez les morts quelque nouvel outrage ?
Et parce qu'elle meurt, faut-il que vous mouriez ?

ORESTE

Elle meurt ? Dieux ! qu'entends-je ?

PYLADE

                           Hé quoi ? vous l'ignoriez ?
1605 En rentrant dans ces lieux, nous l'avons rencontrée
Qui courait vers le temple, inquiète, égarée.
Elle a trouvé Pyrrhus porté sur des soldats
Que son sang excitait à venger son trépas.
Sans doute à cet objet sa rage s'est émue.
1610 Mais du haut de la porte enfin nous l'avons vue,
Un poignard à la main, sur Pyrrhus se courber,
Lever les yeux au ciel, se frapper, et tomber.

ORESTE

Grâce aux Dieux ! Mon malheur passe mon espérance :
Oui, je te loue, ô Ciel, de ta persévérance.
1615 Appliqué sans relâche au soin de me punir,
Au comble des douleurs tu m'as fait parvenir.
Ta haine a pris plaisir à former ma misère ;
J'étais né pour servir d'exemple à ta colère,
Pour être du malheur un modèle accompli.
1620 Hé bien ! je meurs content, et mon sort est rempli.
Où sont ces deux amants ? Pour couronner ma joie,
Dans leur sang, dans le mien il faut que je me noie ;
L'un et l'autre en mourant je les veux regarder.
Réunissons trois cœurs qui n'ont pu s'accorder.

1625 Mais quelle épaisse nuit tout à coup m'environne ?
De quel côté sortir ? D'où vient que je frissonne ?
Quelle horreur me saisit ? Grâce au ciel, j'entrevoi.
Dieux ! quels ruisseaux de sang coulent autour de moi !

PYLADE

Ah ! Seigneur !

ORESTE

                Quoi ! Pyrrhus, je te rencontre encore ?
1630 Trouverai-je partout un rival que j'abhorre ?
Percé de tant de coups, comment t'es-tu sauvé ?
Tiens, tiens, voilà le coup que je t'ai réservé.
Mais que vois-je ? À mes yeux Hermione l'embrasse ?
Elle vient l'arracher au coup qui le menace ?
1635 Dieux ! quels affreux regards elle jette sur moi !
Quels démons, quels serpents traîne-t-elle après soi ?
Hé bien ! filles d'enfer, vos mains sont-elles prêtes ?
Pour qui sont ces serpents qui sifflent sur vos têtes ?
À qui destinez-vous l'appareil qui vous suit ?
1640 Venez-vous m'enlever dans l'éternelle nuit ?
Venez, à vos fureurs Oreste s'abandonne.
Mais non, retirez-vous, laissez faire Hermione :
L'ingrate mieux que vous saura me déchirer ;
Et je lui porte enfin mon cœur à dévorer.

PYLADE

1645 Il perd le sentiment. Amis, le temps nous presse :
Ménageons les moments que ce transport nous laisse.
Sauvons-le. Nos efforts deviendraient impuissants
S'il reprenait ici sa rage avec ses sens.

PREMIÈRE PRÉFACE
(éditions de 1668 et 1673)

Virgile au troisième livre de l'*Énéide*

C'est Énée qui parle.

> « *Littoraque Epeiri legimus, portuque subimus*
> *Chaonio, et celsam Buthroti ascendimus urbem...*
> *Solemnes tum forte dapes et tristia dona...*
> *Libabat cineri Andromache, Manesque vocabat*
> *Hectoreum ad tumulum, viridi quem cespite inanem.*
> *Et geminas, causam lacrymis, sacraverat aras...*
> *Dejecit vultum, et demissa voce locuta est :*
> « *O felix una ante alias Priameia virgo,*
> *Hostilem ad tumulum, Trojæ sub mœnibus altis,*
> *Jussa mori ! quæ sortitus non pertulit ullos,*
> *Nec victoris heri tetigit captiva cubile.*
> *Nos, patria incensa, diversa per æquora vectæ,*
> *Stirpis Achilleæ fastus, juvenemque superbum,*
> *Servitio enixæ, tulimus, qui deinde secutus*
> *Ledæam Hermionem, Lacedæmoniosque hymenæos...*
> *Ast illum, ereptae magno inflammatus amore*
> *Conjugis, et scelerum Furiis agitatus, Orestes*
> *Excipit incautum, patriasque obtruncat ad aras.* »

Voilà, en peu de vers, tout le sujet de cette tragédie. Voilà le lieu de la scène, l'action qui s'y passe, les quatre principaux acteurs, et même leurs caractères. Excepté celui d'Hermione, dont la jalousie et les emportements sont assez marqués dans l'*Andromaque* d'Euripide.

Mais véritablement mes personnages sont si fameux dans l'Antiquité, que pour peu qu'on la connaisse, on verra fort bien que je les ai rendus tels que les anciens poètes nous les ont donnés. Aussi n'ai-je pas pensé qu'il me fût permis de rien changer à leurs mœurs. Toute la liberté que j'ai prise, ç'a été d'adoucir un peu la férocité de Pyrrhus, que Sénèque, dans sa *Troade*, et Virgile, dans le second de l'*Énéide*, ont poussée beaucoup plus loin que je n'ai cru le devoir faire.

Encore s'est-il trouvé des gens qui se sont plaints qu'il s'emportât contre Andromaque, et qu'il voulût épouser cette captive à quelque prix que ce fût. J'avoue qu'il n'est pas assez résigné à la volonté de sa maîtresse, et que Céladon a mieux connu que lui le parfait amour. Mais que faire ? Pyrrhus n'avait pas lu nos romans. Il était violent de son naturel. Et tous les héros ne sont pas faits pour être des Céladons.

Quoi qu'il en soit, le public m'a été trop favorable pour m'embarrasser du chagrin particulier de deux ou trois personnes qui voudraient qu'on réformât tous les héros de l'Antiquité pour en faire des héros parfaits. Je trouve leur intention fort bonne de vouloir qu'on ne mette sur la scène que des hommes impeccables. Mais je les prie de se souvenir que ce n'est pas à moi de changer les règles du théâtre. Horace nous recommande de dépeindre Achille farouche, inexorable, violent, tel qu'il était, et tel qu'on dépeint son fils. Et Aristote, bien éloigné de nous demander des héros parfaits, veut au contraire que les personnages tragiques, c'est-à-dire ceux dont le malheur fait la catastrophe de la tragédie, ne soient ni tout à fait bons, ni tout à fait méchants. Il ne veut pas qu'ils soient extrêmement bons, parce que la punition d'un homme de bien exciterait plutôt l'indignation que la pitié du spectateur ; ni qu'ils soient méchants avec excès, parce qu'on n'a point pitié d'un scélérat. Il faut donc qu'ils aient une bonté médiocre, c'est-à-dire une vertu capable de faiblesse, et qu'ils tombent dans le malheur par quelque faute qui les fasse plaindre sans les faire détester.

SECONDE PRÉFACE
(édition de 1676)

Virgile au troisième livre de l'*Énéide*

C'est Énée qui parle.

> « *Littoraque Epeiri legimus, portuque subimus*
> *Chaonio, et celsam Buthroti ascendimus urbem...*
> *Solemnes tum forte dapes et tristia dona...*
> *Libabat cineri Andromache, Manesque vocabat*
> *Hectoreum ad tumulum, viridi quem cespite inanem,*
> *Et geminas, causam lacrymis, sacraverat aras...*
> *Dejecit vultum, et demissa voce locuta est :*
> « *O felix una ante alias Priameia virgo,*
> *Hostilem ad tumulum, Trojæ sub mœnibus altis,*
> *Jussa mori ! quæ sortitus non pertulit ullos,*
> *Nec victoris heri tetigit captiva cubile.*
> *Nos, patria incensa, diversa per æquora vectæ,*
> *Stirpis Achilleæ fastus, juvenemque superbum,*
> *Servitio enixæ, tulimus, qui deinde secutus*
> *Ledæam Hermionem, Lacedæmoniosque hymenæos...*
> *Ast illum, ereptae magno inflammatus amore*
> *Conjugis, et scelerum Furiis agitatus, Orestes*
> *Excipit incautum, patriasque obtruncat ad aras.* »

Voilà, en peu de vers, tout le sujet de cette tragédie. Voilà le lieu de la scène, l'action qui s'y passe, les quatre principaux acteurs, et même leurs caractères. Excepté celui d'Hermione, dont la jalousie et les emportements sont assez marqués dans l'*Andromaque* d'Euripide.

C'est presque la seule chose que j'emprunte ici de cet auteur. Car, quoique ma tragédie porte le même nom que la sienne, le sujet en est pourtant très différent. Andromaque, dans Euripide, craint pour la vie de Molossus, qui est un fils qu'elle a eu de Pyrrhus, et qu'Hermione veut faire mourir avec sa mère. Mais ici il ne s'agit point de Molossus. Andromaque ne connaît point d'autre mari qu'Hector, ni d'autre fils qu'Astyanax. J'ai cru en cela me conformer à l'idée que nous avons maintenant de cette princesse. La plupart de ceux qui ont entendu parler d'Andromaque, ne la connaissent guère que pour la veuve d'Hector et pour la mère d'Astyanax. On ne croit point qu'elle doive aimer ni un autre mari, ni un autre fils. Et je doute que les larmes d'Andromaque eussent fait sur l'esprit de mes spectateurs l'impression qu'elles y ont faite, si elles avaient coulé pour un autre fils que celui qu'elle avait d'Hector.

Il est vrai que j'ai été obligé de faire vivre Astyanax un peu plus qu'il n'a vécu ; mais j'écris dans un pays où cette liberté ne pouvait pas être mal reçue. Car, sans parler de Ronsard qui a choisi ce même Astyanax pour le héros de sa *Franciade*, qui ne sait que l'on fait descendre nos anciens rois de ce fils d'Hector, et que nos vieilles chroniques sauvent la vie à ce jeune prince, après la désolation de son pays, pour en faire le fondateur de notre monarchie ?

Combien Euripide a-t-il été plus hardi dans sa tragédie d'*Hélène* ! Il y choque ouvertement la créance commune de toute la Grèce. Il suppose qu'Hélène n'a jamais mis le pied dans Troie ; et qu'après l'embrasement de cette ville, Ménélas trouve sa femme en Égypte, dont elle n'était point partie. Tout cela fondé sur une opinion qui n'était reçue que parmi les Égyptiens, comme on le peut voir dans Hérodote.

Je ne crois pas que j'eusse besoin de cet exemple d'Euripide pour justifier le peu de liberté que j'ai prise. Car il y a bien de la différence entre détruire le principal fondement d'une fable, et en altérer quelques incidents, qui changent presque de face dans toutes les mains qui les traitent. Ainsi Achille, selon la plupart des poètes, ne peut être blessé qu'au talon, quoique Homère le fasse blesser au bras et ne le croie invulnérable en aucune partie de son corps. Ainsi Sophocle fait mourir Jocaste aussitôt après la reconnaissance d'Œdipe, tout au contraire d'Euripide, qui la fait vivre jusqu'au combat et à la mort de ses deux fils. Et c'est à propos de quelque contrariété de cette nature qu'un ancien commentateur de Sophocle remarque fort bien *qu'il ne faut point s'amuser à chicaner les poètes pour quelques changements qu'ils ont pu faire dans la fable ; mais qu'il faut s'attacher à considérer l'excellent usage qu'ils ont fait de ces changements, et la manière ingénieuse dont ils ont su accommoder la fable à leur sujet.*

Achevé d'imprimer en Italie par Grafica Veneta
en mai 2015
Dépôt légal mai 2015
EAN 9782290115107
OTP L21ELLN000696N001

—

Ce texte est composé en Lemonde journal

—

Conception des principes de mise en page :
mecano, Laurent Batard

—

Composition : PCA

—

ÉDITIONS J'AI LU
87, quai Panhard-et-Levassor, 75013 Paris
Diffusion France et étranger : Flammarion